✳ Karten und Pläne

Die Buchstaben-Zahlen-Kombinationen im Text verweisen auf die Planquadrate der Karten, z. B.

⟶ S. 117, E 1   Kartenatlas
⟶ S. 89, b 3   Detailkarte innen

10 MERIAN-Tipps
Tipps und Empfehlungen für Kenner und Individualisten
Klappe hinten ⟶

Mecklenburg stellt sich vor

Eine abendliche Fahrt auf dem Malchower See zeigt die Klosterkirche aus dem 19. Jahrhundert von ihrer attraktivsten Seite.

Die herb-schöne norddeutsche Landschaft der tausend Seen wird von Jahr zu Jahr beliebter. Längst gehört Mecklenburg zu den Top-Urlaubsregionen in Deutschland.

Wie ein grob gewebter, blaugrüner Flickenteppich sieht das Gebiet der Mecklenburgischen Seen auf der Deutschlandkarte aus. Im Nordosten der Bundesrepublik hat die Eiszeit vor Jahrtausenden eine Landschaft geformt, die für die Menschen von heute zum Natur- und Urlaubsparadies geworden ist. Mehr als 1000 strahlend blaue, saubere Seen liegen dort eingebettet zwischen Wiesen und Wäldern. Fast alle sind durch Flüsse, Bäche oder von Menschenhand nachträglich geschaffene Kanäle miteinander verbunden. In ganz Mitteleuropa findet man kein größeres zusammenhängendes Wasserrevier!

Zwischen den Großstädten Hamburg, Schwerin, Rostock und Berlin ist ein Stück »heile Welt« erhalten geblieben. Kaum sonst irgendwo in Deutschland haben die Menschen so wenig an der Landschaft verändert. Ihre Eingriffe in die Natur waren so behutsam, dass hier auch heute noch Adler, Kraniche, Eisvögel oder Otter ihre optimalen Lebensbedingungen finden, seltene Orchideenarten wachsen und 1000 Jahre alte Eichen erhalten blieben.

Die Mecklenburgische Seenplatte muss man in verschiedene Gebiete unterteilen. Um Schwerin liegen die westlichen Gewässer, und sie reichen geografisch bis ins benachbarte Schleswig-Holstein – zu den Lauenburgischen Seen bei Ratzeburg und Mölln. Im Zentrum findet man die großen Seen, wie zum Beispiel die Müritz, den Plauer-, Fleesen- und Kölpinsee. Nordöstlich davon erstreckt sich die hügelige Landschaft der

Große und kleine, lebhafte und stille Seen

Mecklenburgischen Schweiz bis in die Region von Neubrandenburg. Im Südosten schließt sich das Gebiet der Kleinen Mecklenburgischen Seen an, das geografisch wieder über die Landesgrenze hinaus bis nach Brandenburg reicht.

Natürlich gleicht kein See dem anderen. Es gibt kleine abgelegene Gewässer, an denen man höchstens einen einsamen Angler trifft, wildromantische Tümpel mit versumpften

Der Kölpinsee ist einer der großen Nachbarseen der Müritz.

Der Hafen von Röbel liegt geschützt in einer Bucht am Westufer der Müritz und ist daher ein beliebter Anlaufpunkt des »Mecklenburger Meeres«.

Ufern zwischen umgestürzten Bäumen in den urwaldähnlichen Gebieten der Naturparks, aber auch Seen, die mit Strandbädern, Bootsverleih und Ausflugslokalen zu regelrechten Freizeitzentren geworden sind, oder das mit 117 Quadratkilometern gewaltig große »Mecklenburger Meer«, die Müritz, auf der sich im Sommer Scharen von Wassersportlern tummeln. Aber keine Angst, Mecklenburgs Wasserreich ist riesig groß und bietet genügend lauschige Plätze.

Wohin man auch kommt, überall gibt's romantische kleine Städtchen und verschlafene Dörfer. In einigen scheint die Zeit stillzustehen. Schwerin, die Landeshauptstadt, blüht unübersehbar auf. Rund um das renovierte Schloss entsteht allmählich eine attraktive Infrastruktur. Anderswo wandelt sich das Leben langsamer. In Plau etwa, wo ein Bummel über die kopfsteingepflasterten Straßen zwischen Fachwerkhäusern nostalgische Gefühle aufkommen lässt. Oder in Malchow, das idyllisch inmitten von Seen und Wäldern liegt. Rasanter zeigen sich da schon die Veränderungen in Neubrandenburg, dieser eigenwilligen Mischung aus Alt und Neu.

Hier und da mag die ungewisse wirtschaftliche Lage dazu beitragen, dass der Wandel sich nicht schneller vollzieht. Und sicherlich spielt auch die sprichwörtliche Skepsis der Bevölkerung eine Rolle, die manche fälschlicherweise als Starrköpfigkeit deuten. Anstehende Änderungen schaut man sich an, bewertet sie und akzeptiert sie – oder bleibt beim Alten. Das bedeutet aber keinesfalls, dass die Mecklenburger verschlossen oder nicht gastfreundlich sind. Wer beim »Klönschnack« (so heißt eine Unterhaltung auf Plattdeutsch) oder beim Bier und Korn mit ihnen zusammensitzt und sich anhört, was die Leute hier beschäftigt, wird schnell Zugang zu den manchmal rauen Menschen finden. Der Humor der Mecklenburger ist unvergleichbar trocken und originell, ihre Hilfsbereitschaft kennt kaum Grenzen, und Freundschaft gilt hier noch etwas. Dieser positive Konservatismus überträgt sich übrigens auch auf die Entwicklung des Tourismus.

Einige der Orte im Gebiet der Mecklenburgischen Seen, wie zum Beispiel Plau, Waren und Neustrelitz, können schon auf eine lange Tradition im Tourismus zurückblicken. Schon seit weit über 100 Jahren kommen Sommerfrischler hierher, um sich zu erholen. Meist waren es Künstler, Wissenschaftler und Reiche aus Berlin. Einige bauten sich ihr eigenes Ferienhaus, andere wohnten in Pensionen und Gasthöfen. Um die Jahrhundertwende herum waren das Beherbergungs-Gewerbe und die Versorgung der Gäste mit Essen und Trinken in einigen Gegenden zu einem wichtigen Wirtschaftszweig geworden. Das blieb auch so bis zum Beginn des Zweiten Weltkriegs. Und auch zu DDR-Zeiten waren die Erholungsheime und Ferienanlagen immer gut besucht und ausgesprochen beliebt.

Mit der Wiedervereinigung Deutschlands veränderten sich die Ansprüche der Feriengäste. Anfang der 1990er-Jahre kamen viele Touristen aus dem Westen, die das Land, das ihnen lange versperrt war, entdecken wollten. Die einfachen Zimmer – meist mit Gemeinschaftsdusche und WC auf dem Gang – entsprachen nicht den Ansprüchen dieser neuen Kunden.

Der Fremdenverkehr hat Tradition

Auch das, was in den Restaurants auf den Tisch kam, war sehr oft nicht nach dem Geschmack der Gäste, die jetzt überwiegend aus dem Westen kamen.

Ein Umdenken wurde deshalb notwendig – in jeder Beziehung. Viele der Einheimischen, die bisher in der staatlichen DDR-Touristik gearbeitet hatten, machten sich jetzt als Unternehmer im neuen Wirtschaftssystem selbstständig. Gleichzeitig zogen die hohen Subventionen, die vom Staat für innovative Tourismuskonzepte gezahlt wurden, zahlreiche Hoteliers, Gastronomen und »Glücksritter« aus dem Westen und sogar aus dem Ausland an.

»Der Schwebende«, eine Barlach-Plastik im Dom von Güstrow, wurde von den Nationalsozialisten als »entartete Kunst« eingestuft.

Das Schloss von Schwerin zählt zu den kulturellen Höhepunkten der Region. Hier ist die Ahnengalerie mit Porträts der mecklenburgischen Herzöge zu sehen.

Der Wettbewerb trennte die »Spreu vom Weizen«. Innerhalb weniger Jahre entwickelte sich im Gebiet der Mecklenburgischen Seenplatte ein touristisches Angebot, das vorbildlich in Deutschland ist und auch internationale Vergleiche nicht zu scheuen braucht.

Das 1000-jährige Jubiläum, das Mecklenburg 1995 feierte, spiegelt nur einen verhältnismäßig kurzen Zeitraum der Geschichte des Landes wider. Schon in der mittleren Steinzeit (10 000–3000 v. Chr.) zogen Jäger, Sammler und Fischer durch das Gebiet, in der Jungsteinzeit (bis etwa

Ein kurzer Rückblick in die Geschichte

1800 v. Chr.) lebten hier bereits nachweislich Gruppen von Ackerbauern und Viehzüchtern. Bis zur Völkerwanderung (200–600 n. Chr.) besiedelten germanische Stämme das Land, die dann allerdings, vermutlich wegen klimatischer Veränderungen, Richtung Süden zogen. Rund um die Mecklenburgischen Seen lebten kaum noch Menschen, als die Slawen hierher kamen und sich niederließen.

Über Jahrhunderte blieben diese Volksstämme aus dem Osten in ihrer neuen Heimat ungestört. Das Siedlungsgebiet der Obodriten entstand um die »Michelenburg«, die 995 erstmals erwähnt wurde. Aus ihrem Namen entstand der Begriff Mecklenburg. Doch ab 1147 drang Heinrich der Löwe auf seinen Feldzügen in das Gebiet der heidnischen Slawen ein, um sie zu christianisieren und das Land östlich der Elbe zu erobern. Als erste deutsche Stadt in Feindesgebiet gründete Heinrich der Löwe 1160 Schwerin. 1229 entstanden die Fürstentümer Mecklenburg, Parchim, Güstrow und Rostock. Noch im selben Jahrhundert wurden überall im Land neue Städte angelegt. Fast immer war der Mittelpunkt ein Marktplatz mit dem Rathaus und einer großen Kirche. Das neue Siedlungsgebiet im Osten zog Menschen aus Westfalen, Niedersachsen, Holstein und Flandern an, die sich hier niederließen, um eine neue Existenz aufzubauen.

Zur Rapsblüte wird das Seengebiet zum gelben Blütenmeer.

Auch durch noch so viel Arbeit konnten die Landarbeiter und Handwerker in Mecklenburg keine Reichtümer anhäufen, meist reichte es gerade so eben für Essen, Trinken und das Dach über dem Kopf. Selbst die Adeligen und Großgrundbesitzer waren im Vergleich zu denen in anderen Landstrichen nicht gerade wohlhabend. Aber immerhin gehörte ihnen das Land und ernährte sie allemal. Nur auf Prunk und Pracht wie andernorts mussten die meisten halt verzichten.

Die einfache Bevölkerung hingegen war über Jahrhunderte als Leibeigene der Mächtigen völlig besitz- und auch fast rechtlos. Diese Lebensbedingungen, die sich erst gegen 1820 änderten, haben die Menschen hier geprägt.

An den Mecklenburgischen Seen will man keinen Massentourismus, sondern Stammgäste! Wer hierher kommt, braucht kein stundenlanges Sonnenbaden an südlichen Stränden, kein allabendliches Highlife in Super-Discos, verzichtet gerne auf Animateure, die ihre Gäste – ob sie wollen oder nicht – rund um die Uhr beschäftigen. Wer hierher kommt, liebt die Ruhe, möchte die Kultur und Natur entdecken.

Inzwischen ist jedoch auch hier, im früher abseits gelegenen Dörfchen Göhren-Lebbin am Fleesensee, ein sehr großes Ferienzentrum mit rund 1600 Betten entstanden. Etwa 400 Millionen Mark wurden von einer Kapitalgesellschaft investiert, um ein Luxus-Hotel, eine Clubanlage und ein Feriendorf zu erbauen. Zur Anlage auf 550 Hektar ehemals rein bäuerlicher Landschaft gehören auch noch vier Golfplätze, 17 Tennisplätze (außen und Halle), drei Squash-Courts, Reiterhof, Erlebnis-Schwimmbad und vieles mehr, wonach Urlauber heutzutage verlangen. Obwohl es viele bezweifelten, scheint das Konzept dieser Anlage aufzugehen. Es gibt offensichtlich auch immer mehr Urlauber, die diese stille Mecklenburgische Seenlandschaft erleben möchten, aber gleichzeitig den Komfort eines modernen Ferienparks mit dem großen Angebot an Sport- und Unterhal-

Die Natur ist das größte Kapital

tungsmöglichkeiten nicht missen möchten. Selbst in der »grauen Jahreszeit« zwischen November und März tummeln sich hier Gäste, die früher vielleicht ein Flugticket in den sonnigen Süden kauften.

Was die Natur angeht, haben die ehemaligen Machthaber der DDR – so paradox es klingt – tatsächlich etwas Revolutionäres geleistet: Der strengen Reglementierung des Tourismus, den fehlenden finanziellen Mitteln für den Aufbau größerer Fabriken und dem Bedürfnis der Funktionäre, selbst mal frische Luft zu tanken oder auf Jagd zu gehen, ist es zu verdanken, dass das Gebiet der Mecklen-

burgischen Seen weitgehend in seinem natürlichen Zustand erhalten geblieben ist.

Und so lässt es sich heute auf vielen Seen herrlich surfen, segeln oder mit dem Kanu fahren. Vom Carwitzer See über den Kummerower See bis zum Tollensesee bieten etliche Gewässer herrliche Badestrände. Der Müritz-Nationalpark lädt mit einem Netz von Rad- und Wanderwegen zu ausgedehnten Touren ein. Auch in den Naturparks Nossentiner/Schwinzer Heide, Mecklenburgische Schweiz und Kummerower See gibt es verträumte Plätze zu entdecken. Allein im Gebiet des Naturparks Nossentiner/ Schwinzer Heide liegen 60 Seen mit einer Gesamtfläche von 4400 Hektar. In den Sommermonaten folgt von Dorf zu Dorf und von Stadt zu Stadt ein Fest dem anderen. Und für Kultur sorgen Städte wie Schwerin oder Neustrelitz. Solche Vielfalt muss verführen.

Die stillen Fahrwasser der Seenplatte sind ein Paradies für Freizeitkapitäne.

Gewusst wo …

Schloss Teschow, heute ein elegantes Golfhotel, liegt inmitten der Mecklenburgischen Schweiz.

Als Dorado für Naturliebhaber sind die Mecklenburger Seen bekannt. Seit einigen Jahren kann man jedoch auch kultiviert wohnen und speisen. Auch für Kunstgenuss ist gesorgt.

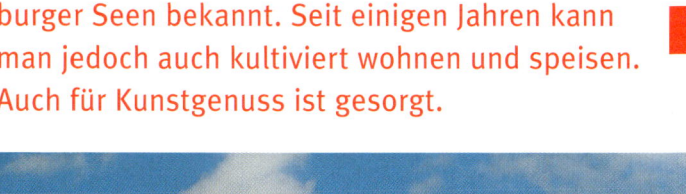

Übernachten

Schlosshotel, Bauernhof oder Hausboot? Der Urlauber hat die Qual der Wahl.

Urlaub im Schloss: Das Schlosshotel Fleesensee ist eine feine Adresse.

Wer im Gebiet der Mecklenburgischen Seenplatte seinen Urlaub verbringen möchte, hat die Qual der Wahl bei der Auswahl seiner Unterkunft.

Große Auswahl für Naturliebhaber

Zahlreiche **Hotels** und **Pensionen** wurden in den letzten Jahren neu erbaut oder von Grund auf restauriert, um gestiegenen Erwartungen von Urlaubsgästen Rechnung zu tragen.

Hotels gibt es für jeden Geschmack: Die Palette reicht von »einfach und zweckmäßig« bis zu komfortablen Häusern mit ausgefeilten Wellness- und Sportangeboten.

Empfehlenswerte Häuser werden im Kapitel »Unterwegs in Mecklenburg« vorgestellt und klassifiziert.

Privatunterkünfte sind ausgesprochen preiswert. Ab 15 € pro Person (oft inklusive Frühstück) bekommt man schon ein Zimmer, wohnt mit in der Wohnung oder dem Haus der Gastgeber, muss sich mit ihnen meist aber auch die sanitären Einrichtungen teilen. Ab etwa 20 € pro Person bekommt man Zimmer mit eigener Dusche und WC.

Ferienhäuser und Apartments sind hauptsächlich bei Familien sehr beliebt. Einfache, kleine Unterkünfte für bis zu vier Personen kosten ab etwa 150 €, große, komfortable Wohneinheiten ab 350 € die Woche (jeweils für die Hauptsaison im Sommer, zu Ostern und Weihnachten).

Bauernhöfe beherbergen inzwischen auch sehr gern Urlauber. In der ländlichen Umgebung fühlen sich große und kleine Naturliebhaber wohl. Auf die kleinen Gäste warten Streicheltiere, und im Stall und auf dem Feld wartet so manches kleine Abenteuer.

Reiterhöfe versprechen »das Glück dieser Erde auf dem Rücken der Pferde«. Im landwirtschaftlich geprägten Mecklenburg gibt es noch viele Pferde und Reitwege. Einige der Höfe haben sich darauf spezialisiert, Pferdefreunde als Urlaubsgäste zu verwöhnen (z. T. auch mit Boxen für das eigene Pferd, das mit in die Ferien reist).

Wer Urlaub auf dem Bauernhof oder Reiterhof plant, erhält weitere Auskünfte bei der:
Arbeitsgemeinschaft für Urlaub auf dem Lande Mecklenburg-Vorpommern e. V. Griebitzer Weg 2, 18196 Dummersdorf; Tel. 03 82 08/6 06 72, Fax 6 06 73; www.landurlaub.m-vp.de

Hausboote werden im gesamten Seengebiet als eine originelle Form der Unterkunft immer beliebter. Seitdem man sie auch ohne amtlichen Führerschein mieten kann, ist die Nachfrage stark angestiegen. Ent-

Ein Bett im Hausboot

spannter geht es kaum: Man fährt mit dem Hausboot durch die herrliche Natur der Seenplatte, entdeckt die kleinen Orte und hat gleichzeitig immer ein Dach über dem Kopf. Der Komfort an Bord ist oft beachtlich (→ S. 59).

MERIAN-Tipp

1 Schlosshotels

bieten ein ganz besonderes Ambiente: Uralte Gemäuer haben sich nach der Restaurierung zu Nobelherbergen entwickelt, in denen man verwöhnt wird und sich so fühlen kann wie einst die erlauchten Hausherren. Ob barock, klassizistisch oder im Neo-Renaissance-Stil – ein unvergleichliches Flair haben sie alle.

····→ S. 60, 71, 102

Essen und Trinken

Deftige Hausmannskost, zum Genießen pikante Wildgerichte und natürlich Fische aus den Seen.

Mit direktem Blick auf den Verbindungskanal zwischen Plauer See und Petersdorfer See kann man im Lenzer Krug speisen oder Kaffee und Kuchen genießen.

In Mecklenburg wird deftig und reichlich gegessen. »Nouvelle cuisine« ist hier ziemlich selten. Das passt auch nicht zur Mentalität der Menschen. Bevor man sich mit kunstvoll fürs Auge arrangierten Mini-Portionen zufrieden gibt, isst man eher ein Brötchen mit flach geklopftem Fleischklops oder eine Currywurst mit Pommes (Imbissstuben und Schnellrestaurants gibt es reichlich). Aber wer richtig essen gehen will, hat inzwischen ein großes Angebot. Mit der neuen Gastronomie kam auch die junge deutsche Küche ins Land. Die einheimischen Gerichte wurden in einigen Restaurants überaus erfolgreich verfeinert. Davon sind alljährlich selbst Gourmet-Prüfer überzeugt.

Die Menschen in Mecklenburg waren nie reich, und sie arbeiteten immer viel und schwer – die meisten in der Landwirtschaft, in der Fischerei oder in kleinen Handwerksbetrieben. Da kam auf den Tisch, was das Umfeld bot, was nicht zu teuer war und außerdem sättigte.

Daran herrscht im Gebiet der Mecklenburgischen Seen auch heute kein Mangel. Auf den fruchtbaren Böden wächst (fast) alles, was man braucht. Die Landschaft ist geprägt von weiten Getreide-, Kartoffel- und Kohlfeldern. In den Gärten gedeihen Erbsen, Bohnen und Möhren. Gleich nebenan gackern die Hühner, schnattern Enten und Gänse, suhlen sich noch Schweine und hoppeln Kanin-

Frisch auf den Tisch

chen in den Ställen. Auf den Bäumen wachsen Äpfel, Birnen und – was für die hiesige Küche ganz wichtig ist – Pflaumen. Auf den Weiden grasen wohlgenährte Rinder und Schafe. In den Seen wimmelt es von Fischen. Und die Wälder sind auch heute noch ausgesprochen wildreich. Hungrig muss niemand bleiben in Mecklenburg!

Wer gern Fisch isst, wird sich an den Seen wie im Paradies fühlen. Von kleinen Weißfischen bis zu riesigen Hechten gibt es in den Gewässern einfach alles. Zu den beliebtesten Fischen zählen der Zander (besonders lecker sind die ganz langsam in

Erzeugnisse aus eigener Produktion

Butter gebratenen Filets), die Großen Maränen (zubereitet wie Karpfen) und die Kleinen Maränen (meist wie Heringe gebraten oder sauer eingelegt). Maränen gehören nicht nur zu den schmackhaftesten, sondern auch zu den seltensten Fischen in den Mecklenburgischen Seen. Sie leben in den tiefsten und klarsten Gewässern. Kein Einheimischer wird verraten, wo man sie angeln kann.

Köstlich ist aber auch Aal, der in der Suppe, geräuchert, gebraten, gekocht in Petersiliensauce oder in Aspik auf den Tisch kommt. Der Hecht ist zwar die liebste Trophäe der Petrijünger, aber auf den Speisekarten nicht unbedingt die Nummer eins. Sein festes, etwas trockenes Fleisch wird in erster Linie für Fischsuppen verwendet und schmeckt auch in Folie mit Gartengemüse gegart zu Petersilienkartoffeln. Jedes gute Fischrestaurant bietet Forellen, Karpfen und Karauschen (»Karutschen« heißen die dem Karpfen ähnlichen Fische auf Plattdeutsch) in vielen Variationen an. Das nahe Meer liefert – je nach Jahreszeit – Heringe, Schollen, die hier Flundern heißen, Dorsche, Makrelen usw. zur Bereicherung der ohnehin schon umfangreichen Fischküche dieses Gebietes.

Man kann Fisch vielerorts auch direkt beim Fischer am See kaufen (auf die Hinweisschilder an der Straße achten) und nach eigenem Rezept zubereiten. Das kostet zwar nicht unbedingt sehr viel weniger als in einem

Fischgeschäft, gibt aber die Sicherheit, alles frisch von der Angel oder aus dem Netz zu bekommen.

Urlauber genießen den Wildreichtum des Landes. Selten kann man in Deutschland beim Wandern so häufig Rehe, Hirsche oder Wildschweine sehen. Und – wie könnte es

Spezialitäten: Wild und Fisch

anders sein – man findet sie, auf unterschiedliche Art zubereitet, auch in den Gasthäusern.

In jedem landestypischen Restaurant und Gasthof stehen – zumindest während der entsprechenden Jahreszeiten – Reh, Hirsch, Hase und Wildschwein auf der Speisekarte. Besonders zu empfehlen ist der Wildschweinbraten, am besten aus dem fettarmen Fleisch der Keule, serviert mit Rot-, Rosen- oder Wirsingkohl und Kartoffeln oder Klößen. Mit der gleichen Beilage kommen auch die Rehkeule oder der Hasenbraten auf den Tisch. Zum saftigen Hirschrückensteak oder – wer es etwas feiner mag – den Medaillons vom Hirschrücken gehören kleine Kartoffelreibekuchen und zum Beispiel ein Bratapfel. Zu Wildgerichten passen natürlich auch immer Pilze wie Pfifferlinge, Steinpilze oder Maronen, die hier im Spätsommer und Herbst meist in den Wäldern der Umgebung gesammelt werden. Völlig zu Unrecht hat das Wildragout keinen so guten Ruf (wahrscheinlich weil es meist das Billigste ist). Ein guter Koch kann aber aus den verschiedensten Sorten Fleisch mit Pilzen, Kräutern und diversen anderen Zutaten wahre Delikatessen zaubern.

Auch echte Kalorienbomben kommen auf den Tisch. Ein altes Sprichwort sagt: »N' Meckelbörger Magen kann allens verdragen.« Typisch sind zum Beispiel Grünkohl mit Kassler, geräucherte Schweinebacke und Mettwurst. Oder Sauerfleisch (mit Zwiebeln und Lorbeerblatt in saures Gelee eingelegtes Schweinefleisch) mit Bratkartoffeln.

Einfaches »Standardgericht«, lecker angerichtet – Entenbrust mit Kompott.

An der Müritz geht der Fisch fangfrisch in die Räucherei.

Schwarzbrot, wie hier das Vollkornbrot heißt, dazu gehört.

Die großen Hotels und Restaurants bieten inzwischen natürlich auch internationale Küche an. Außerdem hat sich in den vergangenen Jahren eine ganze Reihe von italienischen, griechischen und chinesischen Restaurants in den Städten und sogar auf den Dörfern etabliert. Klar, dass man in größeren Städten nicht mehr auf die Schnellrestaurants amerikanischen Stils verzichten muss.

Typische Getränke hat Mecklenburg nicht zu bieten. Hier wird Bier – vor allem Pilsner – und Korn oder »Köm« (klarer Kümmelschnaps), zu besonderen Anlässen auch Wein getrunken. An kalten Tagen ist das Nationalgetränk – wie in ganz Norddeutschland – ein heißer Grog (»Rum muss, Wasser kann, Zucker darf«, heißt das Geheimrezept). Restaurants sind bei den einzelnen Orten im Kapitel »Unterwegs in Mecklenburg« beschrieben.

Deftige Hausmannskost

An Festtagen, wenn es etwas anspruchsvoller sein soll, gehört Backobst zu den Gerichten – hauptsächlich Backpflaumen, die Mecklenburger lieben nämlich die Kombination salzig und süß. Der Rollbraten aus Rind- oder Schweinefleisch wird mit Pflaumen gefüllt, der Entenbraten mit Äpfeln und Backpflaumen. Und im Herbst gibt es Birnen, Bohnen und Speck (als Eintopf).

Nach Schlachtfesten wird Schwarzsauer angeboten. Ziemlich fettes Schweinefleisch wird dafür in Blut und Brühe gekocht, bis die Masse gerinnt. Dazu werden Kartoffeln oder Klöße und Backobst serviert. Klingt gewöhnungsbedürftig; wer's probiert hat, wird aber schnell auf den Geschmack kommen.

Ein Genuss für jedermann und vor allem für Kinder dürfte die Rote Grütze auf Mecklenburger Art sein, zu der eine Schicht geriebenes und mit etwas Weinbrand beträufeltes

MERIAN-Tipp

2 Weinhaus Uhle in Schwerin

Johann Uhle war der erste freie Schankwirt in Schwerin und erhielt 1751 vom Landesherrn die Erlaubnis, eine Weinhandlung zu gründen. Die besten Sorten aus dem sonnigen Süden ließ sich Uhle in den Norden kommen und lud dann den Großherzog und den mecklenburgischen Landadel zur Verkostung in den Rittersaal des Weinhauses. Das jetzige gemütliche Restaurant (70 Plätze) im Erdgeschoss war einst die Kutscherkneipe. Das Weinhaus befindet sich direkt im Zentrum.

Schusterstr. 13–15; Tel. 03 85/56 29 56; tgl. ab 11 Uhr geöffnet und durchgehend warme Küche ●● CREDIT

····> Umschlagkarte hinten, d 3

Einkaufen

Die Palette der Souvenirs reicht von Räucherfischen bis zu Antiquitäten.

Frischer geht es nicht – Räucherfisch ist ein originelles und leckeres Mitbringsel.

Wer seine Freunde oder Nachbarn auf den richtigen Geschmack für einen Urlaub an den Mecklenburgischen Seen bringen will, findet überall originelle Mitbringsel. Was wäre dazu mehr geeignet als der leckere Räucherfisch, zum Beispiel Aal, Zander oder Forelle, den es in fast jedem Hafen, direkt beim Fischer oder im Fischgeschäft zu kaufen gibt? Spezialitäten des Gebiets sind auch der köstliche Wildschweinschinken und Mecklenburger Köm, der goldgelbe Kümmelschnaps.

Bleibende Erinnerungen findet man im Kunsthandel. In jedem größeren Ort gibt es Fachgeschäfte mit Wer-

Künstlerwerkstätten laden ein

ken der einheimischen Künstler. Je nach Geschmack und Geldbeutel können das Landschaftsgemälde, moderne Grafiken oder Holzschnitzereien und Keramiken sein. In einigen öffentlichen Galerien, wie in Neubrandenburg, Schwerin, Güstrow oder in Rheinsberg, kann man Kunstwerke nicht nur bewundern, sondern auch kaufen. Traditionell heißt es zu Pfingsten in der Region »Kunst offen«. Dann laden Maler, Grafiker, Textil- und Schmuckgestalter ein, Galerien und Werkstätten zu besuchen. Vor Ort wird dem Besucher aber auch zu anderen Terminen gezeigt, wie die Kunstwerke entstehen.

Eine Besonderheit der Region sind die vielen kleinen Keramikwerkstätten. Leer stehende Bauernhöfe bieten Künstlern in diesem Gebiet die idealen Örtlichkeiten, um sich eine eigene Werkstatt und Verkaufsräume preisgünstig einzurichten. Mit meist sehr originellen Hinweisschildern an den Straßen weisen die Keramikkünstler auf ihre oft versteckt liegenden Ateliers hin.

Wer gerne in Antiquitätenläden stöbert, braucht in Mecklenburg nicht lange zu suchen. Solche Geschäfte gibt es in fast jeder Stadt und oft auch in Dörfern oder auf Bauern-

Antiquitäten für Sammler

höfen. Mit etwas Glück lassen sich dort wirklich noch Raritäten zu günstigen Preisen finden. Aber die Zeiten, wo Omas altes Nähtischchen, die Kaffeemühle oder Opas handgeschnitztes Fußbänkchen für ein paar Euro verkauft wurden, sind längst vorbei.

Typisch für die kleineren Städte ist, dass hier nicht die großen Handelsketten, sondern kleine Fachgeschäfte zu finden sind. Bei eventuellen Problemen, zum Beispiel mit der Fotoausrüstung, berät und hilft gleich der Meister persönlich.

Geschäfte sind bei den einzelnen Orten im Kapitel »Unterwegs in Mecklenburg« beschrieben.

Große Auswahl an Keramik auf dem Schweriner Töpfermarkt.

Feste und Events

Die Mecklenburger feiern gern und ausgiebig. Gäste sind herzlich willkommen.

Schloss Ulrichshusen gehört zu den stilvollen Spielstätten der Festspiele Mecklenburg-Vorpommern.

Festspiele Mecklenburg-Vorpommern

Mit 87 Veranstaltungen an 58 Spielstätten sind die Festspiele Mecklenburg-Vorpommern das größte Klassikfestival des Landes. International bekannte Künstler verwandeln Scheunen, Schlösser, Herrenhäuser und Kirchen in Konzertbühnen ersten Ranges. Neben großen Meistern kommt auch der Nachwuchs aus der Region zum Zug.

Termin: erstes Juni-Wochenende bis erstes September-Wochenende; Programme und Eintrittskarten über Festspiele Mecklenburg-Vorpommern: Tel. 03 85/5 91 85 85, Fax 5 91 85 86; www.festspiele-mv.de

MÄRZ

Jazz-Frühling Neubrandenburg

Ein bunter musikalischer Mix von Gershwin bis hin zu zeitgenössischer Musik.

Termine: 12.–20. März 2005/18.–26. März 2006; www.jazzfruehling-nb.de

OSTERN

Mecklenburger Ostermarkt in Bollewick (bei Röbel)

Traditioneller Kunsthandwerkermarkt mit Kulturprogramm in der größten Scheune Mecklenburgs.

Termin: die Wochenenden vor und an Ostern; www.die-scheune.m-vp.de

APRIL

Parade der Schweriner Weißen Flotte

Sonderfahrten der Ausflugsschiffe, Abendprogramme an Bord, Volksfest am Anleger.

Termin: letzter Samstag im April; www.weisse-flotte-schwerin.de

MAI

Teterower Hechtfest

Umzug in historischen Kostümen. Darstellung der Schildbürgerstreiche, Kunsthandwerkermarkt, abends Musik und Tanz.

Termin: Wochenende vor Pfingsten

Schweriner Filmkunstfest

Vorführung und Prämierung nationaler und internationaler Kurzfilme.

Termin: erste Mai-Woche; www.filmkunstfest-schwerin.de

PFINGSTEN

Rheinsberger Musiktage

Ein buntes Programm vom klassischen Konzert bis zu modernen Klängen.

Infos unter Tel. 03 39 31/3 92 96

JUNI–SEPTEMBER

Musiksommer Mecklenburg-Vorpommern

Landesweit rund 40 Konzerte in schönem Ambiente. Es treten vor allem einheimische Solisten, Chöre und Orchester auf.

Termin: 18. Juni bis 3. September 2004; www.musiksommer-mv.de

JUNI

Neustrelitzer Park- und Sängerfest

Am ersten Wochenende im Juni geben Chöre aus ganz Mecklenburg im Schlossgarten von Neustrelitz Kostproben ihrer Kunst. Weiterhin sind Darbietungen traditioneller Tänze, des Brauchtums der Region und ein Feuerwerk zu sehen.

Infos unter Tel. 0 39 81/25 31 19

Demminer Peenefest

Bootskorso auf der Peene, Stadtfest mit Markt, Musikveranstaltungen und Feuerwerk.

Termin: erstes Wochenende im Juni; Infos unter Tel. 0 39 98/25 63 22

Güstrower Stadtfest

Kultur und Freizeitspaß mit Konzerten, Karussells, Markt und Veranstaltungen für Kinder.

Termin: letztes Wochenende im Juni.

Malchiner Altstadtfest

Volksfest mit Folkloredarbietungen, Musik und Tanz auf der Bühne am Markt. Für Unterhaltung sorgen weiterhin Karussells und ein Feuerwerk.

Termin: 25.–27. Juni 2004

Güstrower Orgeltage
Orgelkonzerte im Dom und in der Pfarrkirche.
Infos unter Tel. 0 38 43/68 10 23

Inselseefest in Güstrow
Volksfest mit Konzerten, Karussells, Spielen für Kinder und Tanzabend im Festzelt.
Termin: erstes August-Wochenende

Malchower Volksfest
Festtagsumzug, Tanz und Musik auf dem Festplatz und am Neuen Markt sowie abendliches Feuerwerk.
Termin: erstes Wochenende im Juli;
Infos unter Tel. 03 99 32/8 31 86

Müritzfest in Waren
Fischerstechen, Verkauf von Fisch-spezialitäten, Bootskorso, buntes Markttreiben, Rummelplatz, Musik, Tanz und Feuerwerk.
Termin: zweites Wochenende im Juli

Badewannen-Ralley in Plau
Wettfahrt selbst gebastelter Wasser-fahrzeuge. Drei tolle Tage mit Shows, Karussells, Musik, Tanz im Festzelt.
Termin: Wochenende in der Monatsmitte

Seefest in Röbel
Traditionelles Volksfest mit Bootskor-so, Fahrgeschäften, Buden, Musik, Tanz und Feuerwerk.
Termin: drittes Wochenende im Juli; Infos unter Tel. 03 99 31/5 13 81

JUNI–AUGUST
Opernfestival in Rheinsberg
Freilichtaufführungen vor der Kulisse des Schlosses mit international be-kannten Künstlern.
Termin: 26. Juni bis 14. August 2004;
www.kammeroper-rheinsberg.de

Schweriner Kultursommer
Konzerte, Theater, Ausstellungen, Kunstmärkte.
Termin: Mitte Juni bis Ende August; Infos unter Tel. 03 85/5 92 52-12

③ Schlossfestspiele Schwerin

Für zwei Monate verwandelt sich die Landeshauptstadt in eine Hauptstadt des Theaters. Auf dem Alten Garten, vor der prächtigen Kulisse von Thea-ter, Museum, Schloss und Schwe-riner See wird Theater vom Feinsten geboten. Termin: Mitte Juni bis Ende August.

Programm und Tickets unter: www.theater-schwerin.de/ schlossfestspiele
oder Tel. 03 85/53 00-1 23

AUGUST
Drachenbootfestival in Schwerin
Regatta kunstvoller asiatischer Boo-te auf dem Pfaffenteich. Buden sor-gen für das leibliche Wohl. Abends Musik, Tanz und Feuerwerk.
Termin: 6.–8. August 2004

Burg- und Stadtfest in Burg Stargard
Folkloreshows, Künstlermarkt, abends Musik und Tanz.
Termin: zweites Wochenende im August; Infos unter Tel. 03 96 03/2 05 66

Fischerfest in Krakow
Traditionelles Wettangeln, Volksfest mit Markt, abends Musik und Tanz.
Termin: drittes Wochenende im August; Infos unter Tel. 03 84 57/2 22 58

OKTOBER
dokumentArt Neubrandenburg
Vorführung und Prämierung von Kurz- und Dokumentarfilmen.
Termin: 5.–10. Oktober 2004

DEZEMBER
Mecklenburger Adventsmarkt
Traditioneller Kunsthandwerkermarkt mit Programm.
Termin: erstes und zweites Advents-wochenende; www.die-scheune.m-vp.de.

Sport und Freizeit

Wassersport zählt zu den beliebtesten Freizeitbe-
schäftigungen. Auch Angler sind in ihrem Element.

Ruhige Nebenstrecken sind ideal für Fahrradausflüge.

Natürlich spielt im Gebiet der Mecklenburgischen Seenplatte der Wassersport die größte Rolle. Angler finden hier ihr ideales Revier und auch alle, die zu Fuß, mit dem Fahrrad oder als Reiter das herrliche Umfeld der Seen erkunden wollen. Im Gebiet der Mecklenburgischen Seen werden überwiegend die stillen Sportarten gepflegt. Die Zentren, in denen Sport zur Höchstleistung und zur Show wird, sind Neubrandenburg für die Leichtathleten und Schwerin für die Boxer. Auch in sonst so beschaulichen Teterow rasen einmal im Jahr Motorradfahrer aus aller Welt über den Bergring, die größte Grasbahn Europas. In den Ferienorten finden die Gäste inzwischen fast alles, was Hobbysportlern Freude macht: Tennis und Tischtennis, Kegeln und Bowling, Fitnessstudios, Minigolf und vieles mehr zählen zum großen Angebot der Freizeitaktivitäten. Außerdem haben einige Gemeinden öffentliche Hallen- und Schwimmbäder. Hotels der höheren Preisklassen bieten zum Relaxen den eigenen Pool, Sauna oder Solarium.

Angeln

Inhaber des Bundesfischereischeins können gegen eine Gebühr von den Gemeinden, Touristikveranstaltern, den Fischereimeistern oder den Fremdenverkehrsbüros eine Angelkarte bekommen. Spezielle Vorschriften in den Naturschutzgebieten müssen beachtet werden.

Rad fahren

Fast für jedes Gebiet gibt es eigene Radwanderkarten mit Routenvorschlägen. Man bekommt sie direkt vom Gastgeber oder in den örtlichen Touristenbüros. Dort erfährt man auch, wo der nächste Fahrradverleih ist.

Reiten

Vom Ponyreiten für Kinder bis zu organisierten Ausritten in die freie Natur reicht das Angebot für Pferdefreunde. Viele Reiterhöfe bieten nicht nur Leihpferde und Reitunterricht an, man kann dort auch eigene Pferde in Gastboxen unterstellen und bei schlechtem Wetter in der Halle reiten.

Wandern

Tausende von Kilometern markierter Wanderwege führen durch die schönsten Gebiete um die Mecklenburgischen Seen. Die Strecken sind so ausgearbeitet, dass Wanderer die vielfältige Pflanzen- und Tierwelt kennen lernen können. Wanderkarten und Tourenvorschläge bekommt man bei den Fremdenverkehrsbüros.

Wassersport

Ob Segeln oder Surfen, Paddeln, Rudern oder Tretbootfahren, an den meisten Seen ist fast alles möglich, und es gibt Verleihstationen. Allerdings sind Motorboote aus Naturschutzgründen nicht überall zugelassen. Wer auf Wasserskiern über die Seen flitzen will, sollte sich vorher erkundigen, wo das erlaubt ist.

Sportliche Grossveranstaltungen

Pfingsten
Pfingstregatta
Auf der Müritz vor Röbel

Internationales Teterower Bergringrennen
Mit Oldtimer-Show und Motorrad-Rallye

Juni
Segelwettbewerbe
Rund um den Müritz-Cup

Tollensesee-Lauf
In Neubrandenburg

Juli
Schweriner Fünf-Seen-Lauf

September
Reit- und Springturnier
In Malchow

SEEN

Eine kleine Auswahl der bekanntesten und bei Urlaubern beliebtesten Gewässer im Seengebiet:

Breiter Luzin   ⋯⟩ S. 121, E 10
Der See östlich von Feldberg liegt zwischen Wäldern und Wiesen, hat ganz besonders klares Wasser und ist sehr fischreich (Motorboote sind nicht zugelassen).

Carwitzer See   ⋯⟩ S. 121, E 10
Das Gewässer gehört zu den so genannten Unteren Feldberger Seen und zeichnet sich durch sehr gute Wasserqualität und seinen Fischreichtum aus (Motorboote sind nicht zugelassen).

Fleesensee   ⋯⟩ S. 118, A 8
Der große See bei Malchow liegt auf dem Wasserweg von der Müritz zum Plauer See und ist deshalb ziemlich stark befahren. Er ist ein ideales Revier für Segel- und Motorboote. Am Südostufer des Sees ist das größte Ferienzentrum der Region entstanden (→ S. 55).

Goldberger See   ⋯⟩ S. 117, E 3
Naherholungsgebiet 2 km östlich von Goldberg. Mit Bootsverleih; am Ostufer (Schwinzer Heide) gibt es schöne Wanderwege.

Grienericksee   ⋯⟩ S. 120, C 12
Der See dieses Namens ist merkwürdigerweise die See, der unmittelbar vor Rheinsberg liegt. Der Rheinsberger See liegt etwas weiter nördlich. Beide Seen sind für Bootsfahrer sozusagen eine »Sackgasse«. Hier ist das Ende der Wasserstraße! Wer weiter in Richtung Berlin fahren will, muss vorher in Richtung Fürstenberg abfahren.

Großer Labussee   ⋯⟩ S. 120, C 10
Ein ruhiger, naturbelassener See am Rand des Müritz-Nationalparks bei Neustrelitz.

Großer Sternberger See
    ⋯⟩ S. 117, D 2
Sehr fischreiches Gewässer mit glasklarem Wasser und einem gemütlichen Strandbad.

Inselsee   ⋯⟩ S. 117, E 2
Der gesamte See bei Güstrow ist von einem Landschaftsschutzgebiet umgeben. Der Name leitet sich von der mitten im See gelegenen Schöninsel ab.

Kölpinsee   ⋯⟩ S. 118, A 8
Sehr gutes Segelrevier und ideal für Motorboote.

Krakower See   ⋯⟩ S. 117, F 2
Direkt am Luftkurort Krakow gelegenes, weit verzweigtes Gewässer mit schönen Halbinseln, die tief in den See hineinreichen.

Kummerower See   ⋯⟩ S. 118, B 6
Vom Ufer des Sees – nordöstlich von Malchin – hat man einen herrlichen Blick auf die Höhenzüge der Mecklenburgischen Schweiz.

Malchiner See   ⋯⟩ S. 118, A 7
Das Gewässer südwestlich von Malchin liegt in waldreicher Umgebung. An seinem Ufer kommt man durch romantische Dörfer. Die Region ist berühmt für ihre Schlosshotels.

Mirower See   ⋯⟩ S. 120, B 10
Der lang gezogene See nördlich von Mirow ist durch seine schilfbewachsenen Ufer und die idyllischen Bootshäuser, die beliebte Fotomotive sind, besonders reizvoll.

Müritz   ⋯⟩ S. 120, AB 9/10
Wassersportler haben auf dem größten See Norddeutschlands nahezu unbegrenzte Möglichkeiten. Mit 117 qkm Größe macht das »Mecklenburgische Meer« seinem Namen alle Ehre. Ein etwa 10 km langer und rund 500 m breiter Streifen am Ostufer gehört jedoch zum Müritz-Nationalpark und

darf nicht befahren werden (das Gebiet ist durch gelbe Tonnen gekennzeichnet).

Müritz See   ···⟩ S. 120, AB 10/11

Viele, die sich im Seengebiet nicht auskennen, bezeichnen die Müritz als Müritz See. Das ist falsch! Die Müritz ist die Müritz. Der Name bedeutet (aus dem Slawischen abgeleitet) »kleines Meer«. Der Müritz See ist ein ganz kleines Gewässer, das im Südwesten der Müritz liegt.

Plauer See   ···⟩ S. 117, F 3/4

Der drittgrößte See Mecklenburgs liegt zwischen bewaldeten, hügeligen Ufern, die von breiten Schilfgürteln umsäumt sind. Er gehört zu den beliebtesten Zielen für Wassersportler.

Röblinsee   ···⟩ S. 121, D 11

Der Haussee von Fürstenberg bietet auch von den Spazierwegen am Ufer schöne Blicke auf die Stadt. Obwohl er schon in Brandenburg liegt, gehört er geografisch zum Gebiet der Mecklenburger Seenplatte.

Schweriner See   ···⟩ S. 116, B 2/3

Mecklenburgs zweitgrößter See ist durch einen Damm in den Innen- und den Außensee geteilt. Beide Seen gehören nicht zu den stillen Gewässern der Seenplatte und sind von Ausflugsdampfern, Segel- und Motorbooten stark befahren. An den Ufern in der Nähe der Landeshauptstadt gibt es zahlreiche Strandbäder, Ausflugslokale und Freizeiteinrichtungen.

Teterower See   ···⟩ S. 120, A 6

Der Grundmoränensee östlich der Stadt Teterow ist Landschaftsschutzgebiet mit breitem Schilfgürtel, großen Seerosenfeldern und sehr artenreicher Vogelwelt. Die Burgwallinsel, die schon 3000 v. Chr. besiedelt war, ist ein beliebtes Ausflugsziel. Man erreicht sie mit einer Fähre.

Tollensesee   ···⟩ S. 119, D 8

Das Naherholungsgebiet, Wassersport- und Freizeitzentrum (Freibäder, Bootsverleih und Fahrradverleih) von Neubrandenburg.

Die Seenlandschaft bietet ideale Bedingungen für Kanuten.

Familientipps – Hits für Kids

Beim Urlaub in der Seenlandschaft gibt es für Groß und Klein viel zu entdecken.

Spaß für die ganze Familie ist garantiert bei einer Kanupartie auf den Mecklenburger Seen.

Mecklenburg bietet seinen Besuchern Naturerlebnisse, die selbst die Kids Computer und Fernseher vergessen lassen. Man kann bei fast jeder Wanderung in den Wäldern wild lebende Tiere beobachten: Über den Seen kreisen noch Adler, Reiher, Kormorane und andere Großvögel, auf den Wiesen und im Uferdickicht wachsen seltene Pflanzen. Auf Bauernhöfen sehen Stadtkinder oft zum ersten Mal, woher die Milch kommt, die sie meist nur aus der Tüte oder Flasche kennen. Irgendwo in der Nähe gibt es bestimmt auch die Möglichkeit zum Ponyreiten oder zu einer Kutschfahrt.

Im Sommer locken natürlich Strände und einsame Badebuchten zum Planschen und Buddeln. In Röbel hat zu jeder Jahreszeit die 1997 eröffnete Müritz-Therme, ein Sport- und Spaßbad, geöffnet. In einigen Gemeinden und Hotels gibt es Schwimmhallen, falls das Wetter einmal nicht so gut ist. Auch eine Fahrt mit Ausflugsdampfer, Paddel-, Tret- oder Segelboot macht Kindern immer Spaß.

Über die Kinderermäßigungen, die fast alle Hotels und Gaststätten anbieten, freuen sich die Großen mehr als die Kleinen.

Die Burgwallinsel von Teterow
⋯⋙ S. 118, A 6

Ein Spielparadies mit geschichtlichem Hintergrund. Dort hat man für die jüngsten Gäste einen Abenteuerspielplatz eingerichtet, der einer Slawenburg nachempfunden wurde, die früher hier auf der Insel stand. Außerdem gibt es schöne Badestrände, einen Bootsverleih und die Gaststätte Wendenkrug. Da die Insel nur per Fähre zu erreichen ist, beginnt der Spaß schon bei der Anreise.

Mecklenburgisches Volkskundemuseum
⋯⋙ S. 116, B 3

Dorfidylle wie aus dem 17. und 18. Jh. wird in diesem Freilichtmuseum lebendig.

Alte Crivitzer Landstr. 13, 19063 Schwerin (Ortsteil Mueß); Mai–Sept. Di–So 10–18 Uhr; Okt. 10–17 Uhr

Müritz-Therme
⋯⋙ S. 120, A 10

In Röbel ist das Badevergnügen mit 635 qm Wasserfläche und einer 57 m langen Rutsche ganzjährig gesichert. Dazu kommen Wellness-Angebote, Sauna und Solarium sowie die Kegelbahnen, auf denen sich Große und Kleine austoben können.

Am Gotthunskamp, 17207 Röbel; tgl. 9–22 Uhr

Naturhistorisches Landesmuseum
⋯⋙ S. 120, B 9

Das Süßwasseraquarium bietet mit rund 40 Fischarten und Krebsen einen Einblick in die heimische Unterwasserwelt.

Friedenstr. 5, 17192 Waren; Mai–Sept. Di–Fr 9–18, Sa und So 9–12 und 14–17 Uhr, Okt.–April Di–Fr 10–16, Sa und So 10–12 und 14–16 Uhr

Tiergarten Neustrelitz
⋯⋙ S. 120, C 10

In der parkähnlichen Anlage sieht man Tiere aus aller Welt.

Am Tiergarten 14, 17235 Neustrelitz; Mai und Sept. tgl. 9–18 Uhr, Juni–Aug. tgl. 9–19 Uhr; Okt.–April tgl. 9–16 Uhr

Wisentgehege Damerower Werder
⋯⋙ S. 120, A 8

In dem Naturschutzgebiet auf der Halbinsel im Kölpinsee leben die zotteligen Rindviecher noch wie in der Urzeit.

Damerow (zwischen Waren und Malchow); tgl. 9–18 Uhr

Zoo Schwerin
⋯⋙ S. 116, B 2/3

Rund 700 Tiere kann man hier am Ufer des Schweriner Sees bewundern.

Waldschulenweg 1, 19061 Schwerin; April–15. Okt. Mo–Fr 9–18 Uhr, Sa, So und Fei 9–19 Uhr; 16. Okt.–Ende Febr. 10–15 Uhr; März 10–16 Uhr

Unterwegs in Mecklenburg

Bei einer Fahrt mit dem Fährschiff auf Schwerins Pfaffenteich genießt man einen schönen Blick auf die Altstadt.

Natur und Kultur gehen in der Seenlandschaft eine gelungene Symbiose ein. Es gibt viel zu entdecken und die Feriengäste werden inzwischen rundum verwöhnt.

Schwerin und Umgebung

Die Landeshauptstadt erstrahlt in majestätischem Glanz.

Eines der schönsten Schlösser im Norden Deutschlands: Schloss Schwerin.

Schwerin   ⤑ S. 116, B 2–3

98 000 Einwohner
→ Stadtplan Umschlagkarte hinten

Die Hauptstadt des Bundeslandes Mecklenburg-Vorpommern (seit 1990) kann viele Superlative für sich in Anspruch nehmen: Sie ist die älteste Stadt im ganzen Gebiet (Stadtrecht seit 1160) und hat mit dem Schloss das schönste Landesparlamentsgebäude in Deutschland zu bieten. Die Kulturmetropole Mecklenburgs ist umgeben von Seen und durchsetzt von zahlreichen Gewässern.

Schon 1018 wurde die **Burg Zuarin** erstmals erwähnt, sie war eine Festung des slawischen Stammes der Obotriten. Nachdem Heinrich der Löwe die Slawen 1160 besiegt hatte, ließ er an gleicher Stelle eine neue Burg bauen, nämlich auf der Insel, auf der heute das **Schweriner Schloss** steht. Davor entstand die erste christliche Siedlung im slawischen Gebiet östlich der Elbe: Schwerin. Rund 25 Kilometer nördlich lag damals, unweit des heutigen Dorfes Mecklenburg, das bischöfliche Missionszentrum, die **Michelenburg**. Aus ihrem Namen entwickelte sich der Begriff Mecklenburg. Die Priester der Michelenburg holte Heinrich der Löwe 1160 in seine neue Stadt. Sie errichteten das erste Gotteshaus, aus dem dann der gewaltige Dom entstand.

Schwerin war seit seiner Gründung Residenzstadt und wurde zum geistigen und politischen Mittelpunkt Mecklenburgs. Erster Statthalter war der Ritter Gunzelin von Hagen aus Braunschweig. Doch schon bald übergab Heinrich der Löwe die Macht an Pribislaw, den Sohn des besiegten Slawenfürsten Niklot. Aus diesem Geschlecht stammen alle Herrscher, die bis 1358 als Grafen, dann als Herzöge und schließlich, ab 1815, als Großherzöge Schwerin und große Teile des ehemaligen Slawenreichs regierten.

Die Tradition als Residenzstadt hat das Bild Schwerins ganz wesentlich geprägt. Überall trifft man auf beeindruckende Bauwerke. Nicht nur das **Schloss** und der **Dom**, sondern auch der **Altstädtische Markt** mit dem **Rathaus** und den schönen Bürgerhäusern, gleich nebenan der **Schlachtermarkt** mit den restaurierten Fachwerkhäusern, das **Neustädtische Palais**, das **Arsenal**, der **Marstall**.

HOTELS/ANDERE UNTERKÜNFTE
Crowne Plaza
⤑ Umschlagkarte hinten, c 5
First-Class-Hotel in bester Lage zwischen Ostorfer See und Altstadt.
Bleicher Ufer 23;
Tel. 03 85/5 75 50, Fax 5 75 57 77;
www.crowne-plaza.m-vp.de;
100 Zimmer ●●●● CREDIT ♿ 🐾

InterCityHotel
⤑ Umschlagkarte hinten, c 2
Gutes, zentral gelegenes Hotel der Steigenberger-Kette.
Grunthalplatz 5–7; Tel. 03 85/5 95 00,
Fax 5 95 09 99; www.intercityhotel.de;
180 Zimmer ●●● CREDIT ♿ 🐾

Niederländischer Hof
⤑ Umschlagkarte hinten, d 2
Traditionshotel vom Feinsten und das beste Haus rings um den Pfaffenteich.
Karl-Marx-Str. 12–13;
Tel. 03 85/59 11 00, Fax 59 11 09 99;
www.niederlaendischer-hof.de;
24 Zimmer ●●● AmEx MASTER VISA 🐾

Ramada Hotel Plaza
⤑ S. 116, b 3
Haus für gehobene Ansprüche.
Am Grünen Tal 39; Tel. 03 85/3 99 20,
Fax 3 99 21 88; www.ramada-treff.de;
78 Zimmer ●●● CREDIT 🐾

DeSchün ⤑ Umschlagkarte hinten,
b 3 (verdeckt)
Kleines Hotel mit großem Garten, für gehobene Ansprüche.
Dorfstr. 16;
Tel. 03 85/64 61 20, Fax 6 46 12 40;
www.deschuen-schwerin.m-vp.de;
17 Zimmer ●● bis ●●● MASTER VISA

Eindrucksvoll: der Thronsaal des Schweriner Schlosses.

Fritz ⤑ S. 116, b 3
Sehr gut ausgestattetes Hotel in ruhiger Lage in Schwerin-Krebsförden.
**Dorfstr. 03 B; Tel. 03 85/64 63 70,
Fax 6 46 37 99; www.fritz-hotel.de;
22 Zimmer ●● CREDIT**

SPAZIERGANG

Das Herz Schwerins ist das **Schloss** auf der Insel mit den herrlichen Gartenanlagen. Auf dem Weg in die Innenstadt kommt man über den **Alten Garten** am Stadttheater und am Museum vorbei, geht durch die Schlossstraße und dann rechts durch die Schusterstraße zum **Altstädtischen Markt**. Spätestens hier sollte man eine Pause einlegen. Bänke vor den wunderschönen alten Bürgerhäusern, mit Blick auf den mächtigen Dom, laden dazu ein. Durch die Torbögen links und rechts des Rathauses geht es weiter zum Schlachtermarkt. Rund um den Springbrunnen mit dem Ochsen finden auch heute noch Märkte statt. Nach ein paar Metern durch die Puschkinstraße biegt links die Friedrichstraße ab, die direkt zum Pfaffenteich führt. Auf dem Weg zurück zum Schloss kann man durch die Bischof- und Buschstraße mit ihren vielen hübschen Geschäften schlendern. Dieser Rundgang durch die historische Altstadt dauert etwa eine Stunde.

Die Schwerin-Information bietet verschiedene organisierte Rundgänge durch Schwerin an. Außerdem gibt es die Möglichkeit, vom Marktplatz aus Stadtrundfahrten mit dem **Petermännchen** zu machen. Die offene Kleinbus-Bahn fährt von April–Okt. täglich um 10.30, 12.30, 14 und 15.30 Uhr, bei Bedarf auch um 16.30 Uhr, durch die Altstadt zum Schlossgarten am Schweriner- und Faulen See entlang (etwa eine Stunde).

SEHENSWERTES

Alter Garten
⤑ Umschlagkarte hinten, d 4
Der größte und schönste Platz Schwerins liegt direkt dem Schloss gegenüber. Er wurde im 16. Jh. als repräsentativer Paradeplatz angelegt. Die bedeutendsten Gebäude am Alten Garten sind das Mecklenburgische Staatstheater (1883–1886), ein prächtiger Bau im Neorenaissancestil, das klassizistische Staatliche Museum (1882) und das Alte Palais (1799), ein schlichtes Fachwerkhaus, das im 18. Jh. Wohnsitz verwitweter Herzo-

ginnen war. Außerdem findet man am Alten Garten auch noch die Staatskanzlei, ein klassizistisches Bauwerk nach Entwürfen von Georg Adolph Demmler.

Altstädtischer Markt

⸬⸬⸬⸭ Umschlagkarte hinten, d 3

Mittelpunkt der Altstadt ist der quadratische Marktplatz mit dem Rathaus, das bereits 1351 erstmals urkundlich erwähnt wurde. In den folgenden Jahrhunderten brannte es mehrmals ab, die heutige Tudor-Fassade stammt von 1835 und wurde von Georg Adolph Demmler entworfen. Als goldener Reiter ist an den Zinnen Stadtgründer Heinrich der Löwe zu sehen. Das neue Gebäude (1783–1785) mit den dorischen Säulen war ursprünglich eine Ladenpassage. Heute beherbergt es das Museum für Stadtgeschichte. Am Marktplatz stehen auch viele liebevoll restaurierte Bürgerhäuser.

Dom ⸬⸬⸬⸭ Umschlagkarte hinten, d 3

Das alles überragende Gebäude der Altstadt ist der Dom mit seinem 117,5 m hohen Turm. Wer genug Kondition hat, erklimmt die vielen Stufen und bekommt als Belohnung einen herrlichen Blick über ganz Schwerin. Der Dom ist ein Meisterwerk norddeutscher Backsteingotik, seine Ursprünge gehen bis ins Jahr der Stadtgründung zurück, doch der größte Teil des heutigen Bauwerks stammt aus dem 13./14. Jh. Zu den Besonderheiten der Innenausstattung gehören das Renaissancegrabmal des Herzogs Christoph und seiner Frau (16. Jh.), der Bronzetaufkessel (14. Jh.), der Flügelaltar von 1440, die mittelalterlichen Wandmalereien in der Marienkapelle und die Orgel mit etwa 6000 Pfeifen.

Pfaffenteich

⸬⸬⸬⸭ Umschlagkarte hinten, d 1–2

Das Binnengewässer wurde künstlich angelegt. An seinem Ufer stehen zahlreiche historische Bauwerke des Baumeisters Georg Adolph Demmler. Auch eine Fahrt mit dem Fährschiff über den See lohnt sich: Bei der Fontäne hat man einen wunderschönen Blick auf die Altstadt.

Schlachtermarkt

⸬⸬⸬⸭ Umschlagkarte hinten, d 3

Auf diesem historischen Marktplatz spürt man noch die Atmosphäre des Mittelalters. Inmitten restaurierter Fachwerkhäuser wird rund um den Springbrunnen von Dienstag bis Freitag Markt abgehalten. An der Rückseite des Rathauses (Zugang durch die

Am Markt findet man neben dem Rathaus auch die Schwerin-Information.

Torbogen vom Altstädtischen Markt) erklingt um 12 Uhr ein Glockenspiel aus Meißener Porzellan. Das Haus Nr. 5 an der Ostseite ist die Gedenkstätte der jüdischen Landesgemeinde. Ein Mahnmal auf dem Hof erinnert an die 1938 zerstörte Synagoge.

Schloss

⋯⋯⇢ Umschlagkarte hinten, d/e 4

Ein wahres Märchenschloss steht auf der Insel zwischen Schweriner- und Burgsee, eines der bedeutendsten Baudenkmäler des Historismus. Zu verdanken haben die Schweriner ihren mit Türmen, Türmchen und Giebeln in verschiedensten Baustilen verzierten Prunkbau Großherzog Friedrich Franz II. Der ließ ihn in seiner heutigen Form zwischen 1842 und 1857 von seinen Kunstexperten planen und bauen. Die Insel hatte sich schon der slawische Obotritenfürst Niklot als Standort für seine Festung »Zuarin« ausgesucht. Auch Heinrich der Löwe ließ 1160 dort seine Burg erbauen, die über viele Jahrhunderte zum Schloss umgestaltet wurde. Aber erst Friedrich Franz II. hat es im Stil der Neorenaissance mit Elementen der Gotik und des Barocks zu dem gemacht, was es heute ist – das schönste Schloss in Mecklenburg. Besonders eindrucksvoll sind die Ahnengalerie, die Beletage und die Festetage, das Adjudanten-, Speise- und Rauchzimmer, der Thronsaal

und die Rote Audienz (heute ein Café). Sehenswert sind außerdem die Schlosskirche (1560 bis 1563), das Bischofshaus und das Große Neue Haus (beide aus dem 16. und 17. Jh.) sowie das Reiterstandbild am Portal, das den Obotritenfürsten Niklot darstellt. Seit der Wiedervereinigung Deutschlands ist das Schweriner Schloss auch wieder ein politisches Zentrum: Hier tagt der Landtag von Mecklenburg-Vorpommern.

Das **Petermännchen**, ein Schlossgeist, der mancher Schweriner Einrichtung seinen Namen gibt, soll auch heute noch spuken.

Schloss- und Burggarten

⋯⋯⇢ Umschlagkarte hinten, d 4–5

Im Burggarten direkt vor dem Schloss kann man mit herrlichem Blick über den Schweriner See zwischen seltenen Pflanzen und Bäumen spazieren. Über eine ehemalige Drehbrücke führt der Weg zum Schlossgarten, der im 18. Jh. angelegt wurde. Mit seinem Kreuzkanal, den Lindenalleen, lauschigen Laubengängen, den 14 Sandsteinplastiken und dem Reiterstandbild von Großherzog Friedrich Franz II. (1893) zählt er zu den schönsten Parkanlagen Norddeutschlands.

Schweriner See

Der mit 63,4 qkm zweitgrößte See Mecklenburgs lädt dazu ein, die Umgebung Schwerins mit dem Schiff zu

Gartenstadt Schwerin: im Schlossgarten.

erkunden. Die Anleger der Ausflugsdampfer findet man gleich gegenüber
vom Schloss am Alten Garten. Rundfahrten mit den Schiffen der Weißen
Flotte starten während der Saison
täglich ab 10 Uhr, etwa alle ein bis
zwei Stunden. Außerdem gibt es von
Mai bis Oktober Linienverkehr zur
unter Naturschutz stehenden Insel
Kaninchenwerder und zum Ortsteil
Zippendorf, der wegen seines Bade-
strandes als Ausflugsziel sehr beliebt
ist. Wer will, kann mit Segel-, Paddel-
oder Tretbooten auch selbst als Ka-
pitän auf kleine Fahrt gehen.

Zoo ⫸ Umschlagkarte hinten,
südöstl. d 6

Am Ufer des Schweriner Sees, zwischen Schlossgarten und Zippendorf,
stehen die Tierhäuser und Freigehege des Zoos in einem Landschaftspark mit Moor und altem Baumbestand. Rund 700 Tiere kann man dort
beobachten. Besonders beliebt bei
Kindern sind die Streichelgehege mit
einheimischen zahmen Tieren.
Waldschulenweg 1; April–15. Okt.
Mo–Fr 9–18 Uhr, Wochenende und Feier-
tage 9–19 Uhr, 16. Okt.–Ende Febr.
10–15 Uhr, März 10–16 Uhr; Eintritt
Erw. 5 €, Kinder 2 €

MUSEEN

Historisches Museum
⫸ Umschlagkarte hinten, d 3

Originalgetreu wiederaufgebautes
Fachwerkhaus mit Ausstellungen zur
Geschichte eines der ältesten Schwe-
riner Stadtteile.
Großer Moor 38; April – Okt. Di–So
10–18 Uhr, Okt. – April 10 – 17 Uhr;
Eintritt Erw. 2 €, Kinder 1,50 €

Mecklenburgisches Volkskunde-
museum ⫸ Umschlagkarte hinten,
südöstl. d 6

Das Schweriner Freilichtmuseum im
Ortsteil Mueß wirkt wie eine Dorfidylle am Seeufer. Ländliches Leben aus
dem 17. und 18. Jh. wird hier wieder
lebendig.

Alte Crivitzer Landstr. 13; 14. April–
28. Okt. Di–So 10–18 Uhr; Eintritt Erw.
2,50 €, Kinder 1,50 €

Schleifmühle
⫸ Umschlagkarte hinten, d/e 5

Voll funktionsfähige Schleifmühle aus
dem Jahre 1705 mit Vorführungen der
historischen Technik.
Schleifmühlenweg 1; April – Nov. Fr–So
10–17 Uhr; Eintritt Erw. 2 €, Kinder 1 €

Schlossmuseum
⫸ Umschlagkarte hinten, e 4

Prunk- und Wohnräume der großher-
zoglichen Familie.
Im Schloss, Lennéstr. 1;
15. April–14. Okt. Di–So 10–18 Uhr,
15. Okt.–14. April Di–So 10–17 Uhr;
Eintritt Erw. 4 €, Kinder 2,50 €

Staatliches Museum
⫸ Umschlagkarte hinten, d 4

Meisterwerke holländischer, altnie-
derländischer und flämischer Malerei
des 17. Jh., ständige Ausstellung von
Kunsthandwerk und Porzellan.
Alter Garten; 15. April–14. Okt. Di 10–20,
Mi–So 10–18 Uhr, 15. Okt.–14. April
Di 10–20, Mi–So 10–17 Uhr; Eintritt
Erw. 3 €, Kinder 2 €

ESSEN UND TRINKEN

Alt Schweriner Schankstuben
⫸ Umschlagkarte hinten, d 3

Rustikales Restaurant, zentrale Lage.
Schlachtermarkt 9; Tel. 03 85/59 25 36;
tgl. ab 11.30 Uhr ●● AmEx MASTER VISA

Café Prag
⫸ Umschlagkarte hinten, a 6

Wiener Kaffeehaus-Atmosphäre.
Schlossstr. 17; Tel. 03 85/56 59 09;
Mo–Fr 8–19, Sa/So ab 10 Uhr ●● ▱

Café Ulrike
⫸ Umschlagkarte hinten, c 3

Traditioneller Treffpunkt für Verliebte
und junge Leute.
Wittenburger Str. 42; Tel. 03 85/73 20 38;
Mo–Fr ab 8, Sa ab 18 Uhr, So geschl.
● bis ●● MASTER VISA

Café Friedrichs

⤳ Umschlagkarte hinten, d 2
Direkt am Pfaffenteich.
Friedrichstr. 2; Tel. 03 85/55 54 73; tgl.
ab 11 Uhr ●● bis ●●● MASTER VISA

Café Röntgen

⤳ Umschlagkarte hinten, d 3
Elegantes Caféhaus mit großer Außen-
terrasse.
Am Markt 1; Tel. 03 85/5 21 37 40;
tgl. 9–19 Uhr ●● bis ●●● MASTER VISA

Lukas ⤳ Umschlagkarte hinten, a 6
Spezialitätenrestaurant für Fischgerichte nach jedem Geschmack.
Großer Moor 5; Tel. 03 85/56 59 35;
tgl. ab 11 Uhr ●● AmEx MASTER VISA

Ritterstube

⤳ Umschlagkarte hinten, a 6
Restaurant mit guter mecklenburgischer Küche, zentral gelegen.
Ritterstr. 3; Tel. 03 85/5 00 77 44; Mo geschl.; Di–So ab 11.30 Uhr ● bis ●● ▱

Schlosscafé

⤳ Umschlagkarte hinten, d 4
Stilvolles Café im ehemaligen Kö-
nigssaal des Schlosses.
Lennéstr. 1; Tel. 03 85/5 25 29 15; tgl.
10–18 Uhr ●● ▱

Schlossgartenpavillon

⤳ Umschlagkarte hinten, d 5
Ideal für eine Kaffeepause beim Bummel durch den Schlossgarten.
Schlossgarten/Kreuzkanal; Tel. 03 85/
56 51 86; Mai–Nov. tgl. 11–20 Uhr ●●
▱

Weinhaus Uhle

⤳ Umschlagkarte hinten, d 3
→ MERIAN-Tipp S. 19

Zur guten Quelle

⤳ Umschlagkarte hinten, a 6
Gute Küche mit deftiger Hausmannskost und originelle Kneipe mit gemüt-
licher Schankstube.
Schusterstr. 12; Tel. 03 85/56 59 85;
tgl. ab 11.30 Uhr ● bis ●● MASTER VISA

EINKAUFEN
Von Dienstag bis Samstag errichten
die Händler traditionell auf dem
Schlachtermarkt ihre Stände. Nur ein
paar Straßen weiter, in der Fußgängerzone des Zentrums, findet man
Geschäfte für jeden Geschmack – vom
Kaufhaus bis zur Nobel-Boutique,
vom Antik-Laden bis zur gut sortier-
ten Buchhandlung. Wer danach immer noch gut zu Fuß ist, kann sich im
Schlosspark-Center am Marienplatz
mit 120 Läden und Boutiquen um-
schauen. Kunstliebhaber sollten auch
einen Blick in die **Galerie am Pfaffenteich** (Arsenalstr. 14) werfen, wo man
Werke Mecklenburger Künstler nicht
nur bewundern, sondern auch kaufen
kann.

AM ABEND
Speicher

⤳ Umschlagkarte hinten, d 2
Hierher kommen Jazz-, Blues- und
Country-Bands aus ganz Deutschland.
Röntgenstr. 20/22; Tel. 03 85/51 21 05;
Fr und Sa ab 21 Uhr; Vorverkauf über die
Tourist-Information

Kinos
Capitoleum

⤳ Umschlagkarte hinten, c 1
Wismarsche Str. 124;
Tel. 03 85/5 91 80 18

Mega-Movies

⤳ Umschlagkarte hinten, c 5
Bleicher Ufer; Tel. 03 85/5 58 84 44;

Mecklenburger Staatstheater

⤳ Umschlagkarte hinten, d 3
Opern, Konzerte, Ballett und Schauspiel. Sehr beliebt sind die Aufführungen der Niederdeutschen Bühne
»Fritz Reuter«. Was wann geboten
wird, erfährt man bei der Schwerin-Information oder in der Tagespresse.
Alter Garten; Tel. 03 85/5 30 00

Phillies

⤳ Umschlagkarte hinten, b/c 3
Nette Bar mit guten Cocktails.

Wittenburger Str. 51; Tel. 03 85/71 31 01;
tgl. 20–3 Uhr MASTER VISA

Spielbank Schwerin im »Wurm«

⸱⸱⸱⸱⇢ Umschlagkarte hinten, c 1

Nicht nur an den Automaten, auch an drei Amerikanischen Roulette- und zwei Black-Jack-Tischen lässt sich an einem Abend viel gewinnen und verlieren.

Klösegang 3, Wurmpassage;
Tel. 03 85/59 33 00;
www.spielbank-schwerin.m-vp.de;
tgl. 19–3 Uhr, Automatenspiel ab 13 Uhr

Tanzbar im Strandhotel

⸱⸱⸱⸱⇢ Umschlagkarte hinten, südöstl. f 6

Gepflegter Treff für die nicht mehr ganz so junge Generation.

Am Strand 13; Tel. 03 85/20 83 80; Fr und Sa 21–3 Uhr AmEx MASTER VISA

SERVICE
Auskunft
Tourist-Information

⸱⸱⸱⸱⇢ Umschlagkarte hinten, a 6

Am Markt 10, 19055 Schwerin;
Tel. 03 85/59 25-212, -213, -214,
Fax 5 92 52 17; www.schwerin.de

Weiße Flotte 👣👣

⸱⸱⸱⸱⇢ Umschlagkarte hinten, e 4

Personenschifffahrt, Liniendienste, Ausflugs- und Sonderfahrten, wie z. B. romantische Nacht- und Lampionfahrten, während der Sommermonate auch mit Tanz oder originellen Veranstaltungen an Bord.

Anleger Schloss;
Tel. 03 85/55 77 70, Fax 5 57 77 66;
www.weisse-flotte-schwerin.de

Petermännchen-Stadtrundfahrten

👣👣 ⸱⸱⸱⸱⇢ Umschlagkarte hinten, d 3

ab dem Marktplatz von April–Okt. tgl;
Tel. 03 85/5 92 52 22; Fahrpreise:
Erw. 6 €, Kinder 3 €

Stadtrundgang

Vor dem Gebäude der Schwerin-Information am Markt beginnt täglich um 11 Uhr ein geführter Stadtrundgang, der rund zwei Stunden dauert. Abendspaziergänge und Nachtwächterführungen von Mai bis September. Weitere Auskünfte dazu über die Schwerin-Information.

Erw. 4,50 €, Kinder 2,50 €

Ziele in der Umgebung

Wismar ⸱⸱⸱⸱⇢ S. 116, B 1

48 400 Einwohner

Nicht mehr im Gebiet der Mecklenburgischen Seen, sondern direkt an der Ostsee liegt die Hansestadt Wismar. Ein Ausflug dorthin ist aber auf jeden Fall zu empfehlen, denn die Stadt bietet eine Fülle an Sehenswürdigkeiten. Auf dem beeindruckenden Marktplatz bekommt man gleich einen Eindruck von der Macht und Größe Wismars im Mittelalter.

Ein großes Kuchenbuffet in stilvollem Rahmen.

Zu Reichtum kam Wismar (1229 erstmals urkundlich erwähnt) durch die Mitgliedschaft im Hansebund. Neben Lübeck und Rostock wurde es zu einem der bedeutendsten Häfen an der Ostsee. Die prächtigen Bauwerke und das Rathaus auf dem 10 000 qm großen **Marktplatz**, dem größten Mecklenburgs, erinnern an die Blütezeit der Stadt. Ältestes erhaltenes Bürgerhaus ist der **Alte Schwede** von 1380, heute eine Traditionsgaststätte mit ausgezeichnetem Ruf. Eine Besonderheit auf dem Marktplatz ist die **Wasserkunst**. Der kleine Renaissancepavillon mit dem Türmchen wurde 1602 als Wasserwerk gebaut und versorgte bis 1897 die Stadt.

Am Wismarer Hafen erinnern die **Schwedenköpfe** vor dem Hafenamt an die Zeit zwischen dem Dreißigjährigen Krieg und 1803. Beim Westfälischen Frieden (1648) wurde Wismar der schwedischen Krone zugesprochen, die die Stadt zu einer Festung im Süden ihres Machtbereichs ausbaute und sie bis 1803 beherrschte.

Weitere Sehenswürdigkeiten sind der **Fürstenhof** (1553/54), einst Unterkunft für Adelige und heute Amtsgericht und Stadtarchiv, die Ruine der **Georgenkirche** (der spätgotische Backsteinbau wurde 1490 vollendet und 1945 durch Bomben zerstört), der **Turm der Marienkirche** (von der im 13. Jh. erbauten Ratskirche blieb nach den Bombenangriffen im Zweiten Weltkrieg nur der Turm erhalten) und die **Nikolaikirche** (Ursprünge aus dem 14. Jh.), die in ihrem Inneren durch das 37 m hohe Mittelschiff, den Taufkessel (1355), den spätgotischen Hochaltar (um 1430), die Bronzegrabplatte der Herzogin Sophie (1503) und zahlreiche weitere Kirchenschätze beeindruckt.

30 km von Schwerin, über die B 106

HOTELS/ANDERE UNTERKÜNFTE
Steigenberger Stadt Hamburg
Direkt im Stadtzentrum, komfortable Zimmer.

Am Markt 24; Tel. 0 38 41/23 90, Fax 23 92 39; www.wismar.steigenberger.de; 104 Zimmer ••• CREDIT

ESSEN UND TRINKEN
Alter Schwede
Traditionsrestaurant mit ausgezeichneter Küche.
Am Markt 20; Tel. 0 38 41/28 35 52 ••
AmEx MASTER VISA

Zum Weinberg
Gute Adresse für Liebhaber der mecklenburgischen Küche.
Hinter dem Rathaus 3;
Tel. 0 38 41/28 35 50 •• AmEx MASTER VISA

SERVICE
Auskunft
Tourismus-Zentrale
Am Markt 11, 23952 Wismar;
Tel. 0 38 41/2 51 30 25, Fax 2 51 30 91;
www.wismar.de

Crivitz ⤳ S. 116, C 3
4600 Einwohner

In Crivitz lohnt sich der Besuch der gotischen Backsteinkirche (um 1370) mit dem quadratischen Turm. Innen sind mittelalterliche Wandmalereien, der spätgotische Flügelaltar (Anfang 16. Jh.), die Renaissancekanzel aus dem Jahr 1621 und das Triumphkreuz (15. Jh.) sehenswert.

Etwa 20 km östlich von Schwerin, über die B 321

SERVICE
Amt Crivitz
Amtstr. 5, 19080 Crivitz;
Tel. 0 38 63/55 59 83, Fax 33 35 77;
www.amt-crivitz.de

Ludwigslust ⤳ S. 116, B 4
13 000 Einwohner

Die einen nennen **Schloss Ludwigslust** das »mecklenburgische Sanssouci«, die anderen »Versailles von

Mecklenburg«. Beides ist etwas übertrieben. Das spätbarocke Schloss hat zwar eine prächtige Frontseite aus Elbsandstein, aber alles andere ist eher bescheiden ausgefallen.

Es war auch eine etwas merkwürdige Idee von Herzog Friedrich, Mitte des 18. Jh. seine Residenz von Schwerin nach Ludwigslust zu verlegen, in eine damals sehr einsame, ländliche Gegend. Eigentlich hatte er auch gar nicht genug Geld für einen neuen Prachtbau. Deshalb musste der Baumeister Johann Joachim Busch an allen Ecken und Enden sparen, als er das Schloss zwischen 1772 und 1776 errichtete. Reich geschmückt mit zahlreichen Statuen auf dem oberen Gesims ist nur die Fassade. Bei der Innenausstattung wurde statt edler Materialien oft nur Pappmaché verwendet. Im Goldenen Saal, dem repräsentativsten Raum, wurden die Verzierungen aus Metall und sogar der Marmor nur vorgetäuscht – das meiste ist aus »Ludwigsluster Karton«, dafür aber täuschend echt bemalt, preiswert und verblüffend haltbar (15. April–15. Okt. Di–So 10–18 Uhr; 16. Okt.–14. April Di–So 10–17 Uhr).

Der **Schlosspark** von Ludwigslust ist mit 120 ha der größte Landschaftspark in Mecklenburg. Er wurde von Joseph Peter Lenné zwischen 1852 und 1860 in seiner heutigen Form als englischer Garten gestaltet. Beim Bummel über die Alleen sieht man seltene Bäume und fremdländische Sträucher. Zu einer Rast kann man ins Schweizerhaus von 1790 einkehren. Sehenswert sind auch die Wasserspiele am Kanal, die Barockbrücke (1780), das Denkmal für Herzog Friedrich (1788), das Mausoleum der Herzogin Louise (1810), das Grabmal der Erbprinzessin Helene Paulowna (1806) und die neugotische katholische Kirche (1809).

Die **Stadtkirche** (1765–1772), dem Schloss gegenüber, ist spätgotisch mit Fürstenloge und einem Kolossalgemälde (1772–1803) von der

Ein englischer Garten umgibt Schloss Ludwigslust.

Verkündigung der Geburt Christi. Ein Spaziergang durch die Stadt Ludwigslust führt an zahlreichen Barockbauwerken aus dem 18. Jh. vorbei. **37 km von Schwerin**

Hotels/Andere Unterkünfte
Erbprinz
Haus für gehobene Ansprüche.
Schweriner Str. 38;
Tel. 0 38 74/2 50 40, Fax 2 91 60;
www.hotel-erbprinz.m-vp.de; 38 Zimmer
●● bis ●●● CREDIT ♿ 🐾

Landhotel de Weimar
In direkter Nähe zum Schloss. Hotel mit sehr schöner Atmosphäre.
Schlossstr. 15; Tel. 0 38 74/41 80, Fax
41 81 90; www.landhotel-de-weimar.de;
50 Zimmer ●● bis ●●● CREDIT ♿ 🐾

Service
Auskunft
Ludwigslust-Information
Schlossstr. 36, 19288 Ludwigslust;
Tel. 0 38 74/52 62 51, Fax 52 61 09;
www.ludwigslust-information.de

Plau und die Nachbarstädte

Das Fachwerkstädtchen Plau war im 19. Jahrhundert Schauplatz technischer Revolutionen.

Das Plauer Rathaus gehört zu den schönsten Gebäuden der Stadt.

Pl
46

Plau

····> S. 117, F 3

6000 Einwohner

Es ist heute kaum noch vorstellbar, dass das Fachwerkstädtchen Plau in der Mitte des vorigen Jahrhunderts eine der bedeutendsten Industriestädte Mecklenburgs war. Damals gründete hier Dr. Ernst Alban, ein Pionier des Maschinenbaus, seine Fabrik. Die mit Hochdruckdampf angetriebenen Maschinen waren seinerzeit eine technische Revolution und wurden weit und breit in der Landwirtschaft eingesetzt. Alban entwickelte auch das erste Dampfschiff, das auf den Binnengewässern fuhr. Um 1900 entstanden neben Albans Fabrik auch noch zwei Tuchfabriken, eine Stärkefabrik, zwei Ziegeleien und ein Elektrizitätswerk.

Plau hatte allerdings trotzdem nie den Charakter einer Industriestadt. Die holprigen Kopfsteinpflasterstraßen zwischen den hübschen Fachwerkhäusern lassen vielmehr Erinnerungen ans Mittelalter aufkommen. Zeugen aus der Zeit, als Plau 1235 Stadtrechte erhielt, sind der Bergfried und Reste der Befestigungsanlage. Die einst gewaltige Burg konnte Plau im Dreißigjährigen Krieg jedoch nicht davor schützen, eingenommen und verwüstet zu werden. Verheerende Brände legten die Stadt in den folgenden Jahrhunderten dann noch mehrfach in Schutt und Asche. Erst mit dem Aufbau der Industrie gewann sie wieder an Bedeutung.

Durch den Anschluss an die Eisenbahnlinie Berlin–Rostock (ab 1822) ergaben sich für den Ort neue Perspektiven. Ausflügler und Sommerfrischler entdeckten die Reize der Stadt und ihrer wunderschönen Umgebung. Der **Plauer See** (drittgrößter in Mecklenburg) wurde zu einem Dorado für Wassersportler und Angler. Von Jahr zu Jahr kamen mehr Gäste, um sich hier zu erholen. Inzwischen ist der Fremdenverkehr zur wichtigsten Einnahmequelle der Stadt geworden. Was die scher fangen – Aale, Hecht und Maränen –, löst bei den Gästen wahre Begeisterungsstürme aus.

HOTELS/ANDERE UNTERKÜNFTE

Klüschenberg
Parkhotel in ruhiger Lage, sehr gut eingerichtete Zimmer, viele Unterhaltungsmöglichkeiten im Haus.
Klüschenberg 14; Tel. 03 87 35/4 43 79, Fax 4 43 71; www.klueschenberg.com; 68 Zimmer ●●● MASTER VISA 🐾

Marianne
Gemütliche Hotel-Pension mit Blick auf den See, komfortable Zimmer.
Quetziner Str. 77;
Tel. 03 87 35/82 30, Fax 8 23 40, www.hotel-marianne-plau.m-vp.de; 18 Zimmer ●●● MASTER VISA ♿ 🐾

Reke
Hotel in zentraler Lage, gut ausgestattete Zimmer.
Dammstr. 2; Tel. 03 87 35/81 70, Fax 8 17 55; www.hotel-reke.de; 26 Zimmer ●●● MASTER VISA 🐾

Rosenhof
Landhotel zwischen Wald und Wiesen direkt am See, geschmackvolle und komfortable Zimmer.
Ortsteil Quetzin; Tel. 03 87 35/8 90, Fax 8 91 89; www.landhotel-rosenhof.de; 31 Zimmer ●●● ▭ 🐾

Seehotel und Seeschlösschen
Das moderne Seehotel entstand nach Sanierung aus einem Ferienheim, das hübsche Seeschlösschen nebenan gehört dazu.
Hermann-Niemann-Str. 6;
Tel. 03 87 35/8 40, Fax 8 41 66; www.falk-seehotels.de; zusammen 83 Zimmer ●●● DINERS MASTER VISA 🐾

Seeresidenz Gesundbrunn
Stilvolle Hotel-Pension mit dem Charme der Jahrhundertwende, am Plauer See gelegen. Die Seebrücke (Anleger) liegt direkt vorm Haus.

Hermann-Niemann-Str. 11;
Tel. 03 87 35/81 40, Fax 4 14 27;
www.flairhotel.com/seeresidenz;
17 Zimmer ●●● MASTER VISA 🐎

SPAZIERGANG

Einen Rundgang beginnt man am besten an der Hubbrücke über die Elde, um dann durch die Große Burgstraße zur alten **Festung** zu schlendern. Von dort kommt man über die Marktstraße zum Marktplatz mit dem **Rathaus** und der **Stadtkirche**. Die Mühlenstraße führt wieder zur Elde und an die Schleuse. Am Wasserweg entlang kommt man wieder zurück zur Hubbrücke.

Wer noch mehr entdecken will, geht Richtung See. An den Schiffsanlegern und im **Seglerhafen** ist immer etwas los. Direkt am Ufer führt südlich ein Wanderweg vorbei an Badestellen und der Landzunge »Zuruf« bis in den Ortsteil Seelust und von dort durch den Wald zurück nach Plau. Wer bummelt, ist eineinhalb bis zwei Stunden unterwegs.

Der Bergfried von Plau ist ein Relikt aus wehrhaften Tagen.

SEHENSWERTES

Burganlage und Bergfried

Ursprünglich (1287) als Schloss gebaut, wurde die Anlage zwischen 1538 und 1550 zu einer Festung erweitert, weil die Stadt immer wieder überfallen und ausgeplündert wurde. Nach ihrer Erstürmung im Dreißigjährigen Krieg wurde die Burg auf Betreiben der Bürger von Plau geschleift. Heute sehen Besucher nur noch einige Mauern, den Wall und Graben sowie den Bergfried mit seinem 11 m tiefen Verlies.
Burgplatz 2; Di–So 10–12 und 14–16 Uhr; Eintritt 1 €

Hubbrücke

Die 1916 erbaute Hubbrücke über die Elde hebt die Fahrbahn der Straße an vier Masten waagerecht empor. 1992 originalgetreu erneuert und mittlerweile technisches Denkmal, versieht sie nach wie vor ihren Dienst und ist ein lohnendes Fotomotiv.

Kirche

Die Pfarrkirche, ein mächtiger Backsteinbau mit romanischen und gotischen Stilelementen, bestimmt das Bild der Stadt. Die Ursprünge der Kirche stammen aus dem 13. Jh., aber die dreischiffige Halle wurde zwischen 1877 und 1879 stark verändert. Der spätgotische Schnitzaltar aus dem Jahr 1500 stammt aus Lübeck. Die Bronzetaufe des Plauer Meisters Wichtendal und die barocke Kanzel sind etwas jüngeren Datums. Vom Turm der Kirche reicht der Blick weit über die Stadt und den See.
Kirchplatz 3

Rathaus

Eines der schönsten Gebäude der Stadt (1888/1889) mit Giebeln und Türmchen. Es steht direkt am Marktplatz, umgeben von Fachwerkhäusern. Die ältesten dieser Häuser sind in der zweiten Hälfte des 18. Jh. erbaut worden.
Markt 2

Um größeren Schiffen die Durchfahrt zu ermöglichen, zieht die Hubbrücke in Plau die Fahrbahn um etwa 1,60 Meter nach oben.

Schleuse

Erstmals erwähnt wurde die Elde-Schleuse 1650. Schon damals spielte dieser Wasserweg eine bedeutende Rolle. Auch heute noch ist die Elde die Verbindung der Seen über die Elbe bis zur Nordsee. Die Brücke der Schleuse heißt im Volksmund »Hühnerleiter«, denn als sie 1945 erbaut wurde, gab es so wenig Material, dass man statt Treppen nur Leisten anbringen konnte. 1991 völlig erneuert, ist sie heute das Wahrzeichen der Stadt.

MUSEEN

Heimatstube

Im Bergfried (→ S. 46) hat der Plauer Heimatverein über drei Etagen hinweg ein kleines Heimatmuseum eingerichtet.
Di–So 10–12 und 14–16 Uhr, Eintritt 1 €

ESSEN UND TRINKEN

Heidis Landgasthof

Einfache Gaststätte mit guter Hausmannskost.
Güstrower Chaussee 27; Tel. 03 87 35/ 4 43 24, tgl. ab 7.30 Uhr ● MASTER VISA

Kiek in

Spezialitäten-Restaurant im Hotel Marianne mit erstklassigen Wild- und Fischgerichten sowie typisch mecklenburgischer Küche.
Quetziner Str. 77; Tel. 03 87 35/82 30; tgl. ab 11 Uhr ●● MASTER VISA

Pagels

Kleines Restaurant direkt im Stadtzentrum mit deftiger, gutbürgerlicher Küche.
Steinstr. 21; Tel. 03 87 35/4 12 13; Mo–Fr ab 8, Sa ab 10 Uhr, So geschl. ● ▱

Zur Nachtigall

Café und Bar am Wanderweg zum Ortsteil Plötzenhöhe.
Seestr. 15 b; Tel. 03 87 35/4 42 33; Do/Fr ab 17.30, Sa/So ab 11.30 Uhr ● ▱

EINKAUFEN

Die meisten Geschäfte haben sich am **Markt**, in der **Großen Burgstraße** und **Steinstraße** angesiedelt. In der **Plauer Passage**, die sich in der Plauhägerstraße befindet, sind diverse Läden für fast alle Einkaufswünsche zu finden.

Die gemütlichste Art der Fortbewegung im Seengebiet – das Hausboot.

SERVICE

Auskunft
Land & Seen Touristik
Burgplatz 4, 19395 Plau;
Tel. 03 87 35/4 56 78, Fax 4 14 21;
www.plau.de

Schiffsrundfahrten
Personenschifffahrt D.Salewski
Rund- und Tagesfahrten.
Tel. 03 87 35/4 28 72,
Mobil 01 72/3 93 90 16

Personenschifffahrt W. Wichmann
Rund- und Tagesfahrten über die
Seenplatte, Abendfahrten.
Anleger an der Elde; Tel. 03 87 35/
4 56 93, Mobil 01 72/7 41 51 85

Hafen (Gastliegeplätze)
Tel. 03 87 35/4 50 50

Ziele in der Umgebung

Sternberg ·····⟩ S. 117, D 2

5000 Einwohner

Sternberg wird eingerahmt vom
Sternberger und **Luckower See**, seine
weitgehend naturbelassene Umgebung lädt zu ausgedehnten Wanderungen und Entdeckungstouren ein.

In der Stadt gefallen die hübschen
Fachwerkhäuser und die großen gotischen Backsteinkirchen **St. Maria** und
St. Nikolaus aus dem 13./14. Jh.: In
der Kirche sind kunstvolle Chorfenster und ein Wandgemälde vom mecklenburgischen Landtag 1549 zu sehen.
Bei diesem Treffen der Fürsten, Ritter,
Stadtvertreter und der Geistlichkeit
wurde nämlich die Lutherische Lehre
als Landesreligion angenommen. In
der Kapelle an der Südseite erinnert
ein Stein mit Aushöhlungen in Form
von Füßen an die Zeit der Judenverfolgung im Mittelalter. Der Stein galt
damals als angebliches Beweisstück
für die »Hostienschändung«, wegen
der 1492 in Sternberg 27 Juden auf
dem Scheiterhaufen verbrannt wurden. Diese aus Aberglauben begangene Grausamkeit brachte der Stadt
traurige Berühmtheit ein: Sie wurde
zu einem der bekanntesten Wallfahrtsorte in ganz Europa. Ein Naturerlebnis besonderer Art ist die Wanderung durch das **Warnow-Durchbruchtal**. Der sonst so friedliche Fluss

rauscht zwischen Groß Görnow und Klein Raden wild tosend durch sein enges Bett.

48 km von Plau

Seehotel

Modernes, gepflegtes Haus in Seenähe. Sehr schöne Zimmer.
I.-Dörwald-Allee 4;
Tel. 0 38 47/35 00, Fax 35 01 66;
www.seehotel-sternberg.m-vp.de;
42 Zimmer ●● bis ●●● MASTER VISA 🐕

MUSEEN

Archäologisches Landesmuseum Mecklenburg-Vorpommern 👫

Vor der Entstehung Sternbergs lebte in diesem Gebiet zwischen dem 7. und 12. Jh. ein slawischer Volksstamm. Sein Tempelort bei **Groß Raden** wurde 1973 bis 1980 ausgegraben, die markantesten Bauten wurden rekonstruiert und die ganze Freilichtanlage mit weiteren Ausstellungen zum »Archäologischen Landesmuseum Mecklenburg-Vorpommern«. Regelmäßig werden in der Anlage vor allem in den Sommermonaten alte Handwerksbräuche der Slawen vorgeführt (→ Route S. 104).

tgl. 10–17.30 Uhr, Nov.– März nur Museum ohne Außenanlagen; Eintritt Erw. 3 €, Kinder 2 €

SERVICE

Auskunft

Fremdenverkehrsamt
Luckower Str. 3, 19406 Sternberg;
Tel./Fax 0 38 47/45 10 12;
www.sternberg.m-vp.de

Krakow am See

4000 Einwohner   ⤳ S. 117, F 2

Der niederdeutsche Dichter Fritz Reuter glaubte, das Paradies »bi Groten-Baebelin, Serrahn un Krakow, so recht middenwarts in Mecklenborg« gefunden zu haben. Tatsächlich ist diese Gegend von der Natur auch beson-

ders verwöhnt. Der Ort liegt, wie der Name schon sagt, direkt am See und ist umgeben von sechs Naturschutzgebieten wie dem **Krakower Obersee**, an dem 10 % aller Seeadler in Deutschland brüten. Für die norddeutsche Landschaft ganz ungewöhnlich ist das **Nebel-Durchbruchtal** (→ Route S. 105). Der Fluss verlässt den Krakower See bei Serrahn und durchbricht die Endmoräne in nördlicher Richtung. Zwischen den Felsen wird das Gewässer zum rauschenden Gebirgsbach. Wer dort wandert, sollte auch einen Abstecher zur Wassermühle in **Kuchelmiß** machen, deren Technik aus dem 17. Jh. unter Denkmalschutz steht.

Sehenswert in Krakow, 1298 zum ersten Mal urkundlich erwähnt, ist der Marktplatz, ein denkmalgeschütztes Ensemble aus Bürgerhäusern des 18. und 19. Jh., der **Stadtkirche** aus dem 13. Jh. und dem neugotischen Rathaus. Die **Synagoge** (1870) der Stadt überstand als eine der ganz wenigen in Deutschland die Nazizeit. Etwa 100 m von ihr entfernt findet man auch noch einen jüdischen Friedhof.

30 km von Plau

Die Rekonstruktionen früherer Bauformen zeigt das Landesmuseum in Groß Raden.

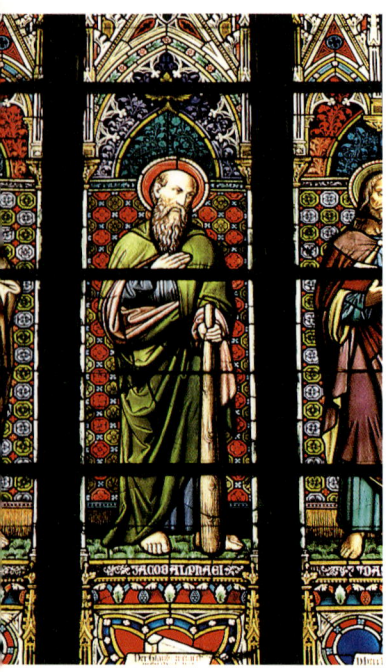

Tiroler Glasmalereien vom Ende des 19. Jahrhunderts zieren die Fenster der Malchower Klosterkirche.

Service
Auskunft
Touristinformation
Lange Str. 2, 18292 Krakow am See;
Tel. 03 84 57/2 22 58, Fax 2 36 13;
www.krakow-am-see.de

Goldberg   ⤳ S. 117, E 3

4200 Einwohner

Das Städtchen an der B 192 hat seinen Besuchern außer einigen romantischen Gassen und der Kirche aus dem 13. Jh. wenig zu bieten. Wegen seines hochtrabenden Namens wird es oft verspottet, denn hier gab es noch nie Gold (der Name kommt von der wendischen Siedlung »Golß«), und ein Berg ist auch nicht da. Am interessantesten in Goldberg ist das **Heimatmuseum** in einer alten Wassermühle an der Mildenitz (Müllerweg 2) mit Ausstellungen zur Geologie des Gebiets, der urgeschichtlichen Besiedlung und heimischen Tierwelt sowie der Stadtgeschichte (Mo–Fr 9–12 und 13–17 Uhr, So 10–12 und 14–17 Uhr; Okt–April nur bis 16 Uhr).

Von Goldberg aus kann man Wanderungen ins Landschaftsschutzgebiet **Dobbertiner Seenlandschaft**, in den Naturpark **Schwinzer Heide** und zur **Klosteranlage von Dobbertin** aus dem 13. Jh. unternehmen.

30 km von Plau

Service
Auskunft
Fremdenverkehrsamt
Müllerweg 2, 19399 Goldberg;
Tel. 03 87 36/4 04 42, Fax 4 04 43;
www.goldberg.m-vp.de

Lübz   ⤳ S. 117, E 3

7100 Einwohner

Die Stadt mit dem schwer auszusprechenden Namen (man sagt hier einfach »Lüpps«) liegt etwas abseits der Seenlandschaft, ist aber bei Mecklenburgern und ihren Gästen in »aller Munde«. Hier wird nämlich seit 1877 eines der besten Biere gebraut. Mit dem Bau der **Eldenburg** (1308) wollten sich die Markgrafen von Brandenburg gegen ihre Feinde in Mecklenburg schützen. Heute steht von der Anlage nur noch der Bergfried, der jetzt das **Stadtmuseum** 👥 beherbergt. Die **Stadtkirche** (1574) ist ein spätgotischer Backsteinbau auf einem Feldsteinsockel mit Renaissancekanzel, Wappentafeln, und dem Grabdenkmal für Herzogin Sophie, einer geborenen Gräfin von Schleswig-Holstein, die von 1591 bis 1637 auf der Eldenburg wohnte.

Sehenswert sind außerdem die **Wassermühle** (1759) und der **Markt**.

Die **Stadtschleuse** an der Elde besteht seit 1774.
16 km von Plau

Stadtmuseum
Über steile Treppen kommt man zu den Ausstellungen über die Stadtgeschichte. Im oberen Gewölbe begeistert technisch Interessierte die Turmuhr von 1856, im Keller mit dem Verlies kann sich gruseln, wer mag. Individuelle Betreuung für Kinder und Behinderte.
Am Markt 25; Mai–Sept. Di–Fr 10–12 und 13–17, Sa 14–16.30 und So 10–12 und 14–16.30 Uhr; Okt.–April Di–Fr 10–12 und 13–16 Uhr; Eintritt Erw. 3 €, Kinder 1,50 €

Auskunft
Stadt-Information
Am Markt 22, 19386 Lübz;
Tel. 03 87 31/2 00 88, Fax 2 22 34,
www.luebz.de

Malchow ···⟩ S. 117, F 3
8000 Einwohner
Stadtplan → S. 53

D ie Kleinstadt Malchow, zwischen Fleesensee und Plauer See malerisch am Ufer des Malchower Sees gelegen, wird als die »Perle der Mecklenburgischen Seenplatte« bezeichnet und diesem Ruf nach umfangreicher Sanierung mit historischen Materialien durchaus gerecht. Der Stadtkern wurde auf einer Insel erbaut, die einst nur über Brücken oder per Fähre zu erreichen war. Seit 1846 ersetzt ein Erddamm die ehemalige Brücke zum östlichen Festland. In Richtung Westen verbindet eine Drehbrücke die Innenstadt seit 1845 mit den Außenbezirken.

Malchow wurde 1235 gegründet. Bedeutung gewann der Ort in erster Linie durch Tuchmacherei und das benachbarte **Kloster** (1298). Dort lebten adelige Töchter als Nonnen. Um aufgenommen zu werden, mussten sie eine hohe Gebühr, meist in Form von Ländereien, bezahlen. Dadurch kam das Kloster zu großem Reichtum. Selbst als es nach der Reformation 1572 in ein Damenstift umgewandelt wurde, blieb es ein beliebter Wohnsitz. Aber wer nicht seit Geburt angemeldet war, hatte kaum Chancen, einen Platz zu bekommen.

Weithin bekannt wurde Malchow durch Tuchmachermanufakturen. Schon seit dem Mittelalter gab es in der Stadt zahlreiche Handspinnereien und Webereien, ab 1741 entwickelten sich Fabriken, deren Produkte in alle Welt geliefert wurden. Von der einst blühenden Industrie blieben nur die stillgelegten Werkhallen am Ufer des Malchower Sees erhalten.

S chon zu DDR-Zeiten war Malchow eines der beliebtesten Ferienziele im Gebiet der Mecklenburgischen Seen. Rund um das idyllische Städtchen finden Naturliebhaber gut ausgeschilderte Wanderwege am Seeufer; Wassersportler und Petrijünger sind hier in ihrem Element. Auch die touristische Infrastruktur ist sehr gut entwickelt, zumal die Stadt an der Bundeswasserstraße Hamburg–Berlin liegt. Außerdem starten hier Rundfahrten mit Fahrgastschiffen.

Lenzer Krug ···⟩ S. 116, F 3
Kleine, aber feine Adresse im reetgedeckten Fachwerkhaus.
Am Lenzer Kanal; 17 213 Lenz;
Tel. 03 99 32/16 70, Fax 1 67 32;
www.falk-seehotels.de; ●●● CREDIT 🐕

Am Fleesensee ···⟩ S. 53, nördl. c 1
Gepflegtes Haus am Wasser mit komfortabel eingerichteten Zimmern.
Strandstr. 4a;
Tel. 03 99 32/16 30, Fax 1 63 10;
www.hotel-am-fleesensee.m-vp.de;
11 Zimmer ●● MASTER VISA

MERIAN-Tipp

⭐ Wisentgehege Damerower Werder

Auf dem **Damerower Werder**, einer Halbinsel im Kölpinsee, leben Wisente in einem Gehege in freier Natur. Man kann die Tiere auch von erhöhten Ständen beobachten. Am besten zu den Fütterungszeiten um 10 und 15 Uhr. ⤳ S. 118, A 8

Insel Hotel Malchow ⤳ S. 53, b 2
Zentral auf dem Eiland gelegen und dazu noch in der ersten Reihe.
An der Drehbrücke;
Tel. 03 99 32/86 00, Fax 8 60 30;
www.insel-hotel-malow.m-vp.de;
16 Zimmer ●● ▭ 🐕

Pension am See ⤳ S. 53, a 2
Im Zentrum der Stadt am See, individuell, gemütliche Zimmer.
Güstrower Str. 11; Tel./Fax 03 99 32/
1 41 45; 10 Zimmer ● bis ●● ▭

Sporthotel Malchow
⤳ S. 53, südwestl. a 3
Mit 40 Zimmern ist das 1995 eröffnete Hotel das größte am Platze, das mit Tennishalle und Kegelbahnen, Fitnessraum, Sauna und Solarium dem Namen alle Ehre macht.
Schulstr. 6;
Tel. 03 99 32/8 90, Fax 8 92 22;
www.sporthotel-malchow.de; 40 Zimmer
●● AmEx MASTER VISA 🐕

SPAZIERGANG

Der schönste Auftakt für einen Bummel durch Malchow ist ein Besuch der **Drehbrücke** im Ortszentrum. Auf dem Wasser warten im Sommer fast immer Hobbyschiffer mit ihren Booten auf die Durchfahrt, die tagsüber alle ein bis zwei eineinhalb Stunden freigegeben wird. Dann beobachten die »Sehleute« gespannt, ob die Freizeitkapitäne auch ohne Schramme durch diese Enge kommen. Die Lange Straße

führt über die Insel zum **Alten Markt** und dem schönen Fachwerkrathaus von 1825. Kurz danach kommt man schon auf den Erddamm, der durch den Malchower See zum **Kloster Malchow** am östlichen Ufer führt. Die Gebäude sind zum Teil heute noch bewohnt. In der Klosterkirche gibt es ein **Orgelmuseum**. Von hier hat man einen herrlichen Blick über den See auf die Insel und zum gewaltigen Turm der Klosterkirche.

SEHENSWERTES

Blütengarten ⤳ S. 53, westl. a 3
Gartenfreunde sollten sich am Blütengarten mit urgeschichtlichem Getreidebeet, Heil- und Zauberpflanzen sowie Kräutern erfreuen und ihn als Anregung für den Garten zu Hause sehen. Die Anlage wird von Amateuren betreut, die sich über interessierte Besucher freuen.
An der Fritz-Reuter-Schule;
Führung Di 10 Uhr

Drehbrücke ⤳ S. 53, a/b 2
Die originelle Brücke stellt die westliche Verbindung zur Inselstadt dar. Diese Brücke musste bis vor einigen Jahren noch mit Muskelkraft gedreht werden. Inzwischen ist sie modernisiert und wird von einem Motor angetrieben. Trotzdem ist sie der beliebteste Treffpunkt der Stadt geblieben. Schließlich gibt es hier immer etwas zu beobachten.

Kloster ⤳ S. 53, b 3
Das Kloster entstand, als das Büßerinnenkloster der Stadt Röbel 1298 in das Dorf Alt-Malchow verlegt wurde. Seit dem 14. Jh. war es ein Zisterzienser-Nonnenkloster, nach der Reformation wurde es 1572 in ein Stift der Ritterschaft für adlige Damen umgewandelt, das bis 1923 bestand. Heute sind die Gebäude in teilweise schlechtem Zustand. Schön sind jedoch der Klostergarten mit uraltem Baumbestand direkt am See und der Klosterfriedhof.

Klosterkirche
···⇢ S. 53, b 3
Die Klosterkirche mit dem reich verzierten Backsteinturm wurde zum
Wahrzeichen von Malchow. Allerdings
ist die Kirche viel jünger als die Stadt,
sie wurde erst 1844 im neugotischen
Stil erbaut. Eine Besonderheit sind
die Apostelfenster mit Tiroler Glas-
malerei von 1889. In der Kirche ist ein
Orgelmuseum entstanden.

ESSEN UND TRINKEN
Café Vollbrecht und Rosendomizil
···⇢ S. 53, b 2
Kaffee, Kuchen und Eisspezialitäten
aus eigener Herstellung, direkt am
See mit Terrasse und Bootsanleger.
Jetzt auch mit liebevoll eingerichteten
Gästezimmern.

Lange Str. 6; Tel. 03 99 32/1 80 65,
Fax 1 80 64; www.rosendomizil.de; tgl.
7–22 Uhr ●● ◻

Restaurant Spiegelei
···⇢ S. 53, a 2
Das Restaurant bietet viel mehr als
Spiegelei, große Auswahl an Speisen
und angenehme Atmosphäre.
Güstrower Str. 42; Tel. 03 99 32/1 24 51;
tgl. außer So ab 17.30 Uhr ●● ◻

Ristorante »Don Camillo«
···⇢ S. 53, b 2
Der beste Italiener in der Region mit
leckeren Fischspezialitäten und an-
deren typischen Gerichten.
Am Erddamm; Tel. 03 99 32/1 40 71;
tgl. geöffnet; tgl. ab 11 Uhr ●●
MASTER VISA

© MERIAN-Kartographie

Malchow

AM ABEND
Gaststätte Segler-Hafen
╌╌⟩ S. 53, nördl. c 1

Samstags Tanzveranstaltungen.
Strandstr. 5; Tel. 03 99 32/1 33 50;
19–1 Uhr

SERVICE
Auskunft
Fleesensee-Touristik   ╌╌⟩ S. 53, a 2

An der Drehbrücke; 17213 Malchow;
Tel. 03 99 32/8 31 86, Fax 8 31 25;
www.malchow-m-vp.de

Schiffsausflüge
Malchower Schifffahrts-
gesellschaft   ╌╌⟩ S. 53, a 2

Kirchenstr. 6; Tel. 03 99 32/8 32 56,
Fax 8 33 26

Ziele in der Umgebung

Alt-Schwerin 👫
╌╌⟩ S. 117, F 3

Das **Agrarhistorische Museum** zeigt
die Entwicklung von Landwirtschaft
und Landleben in den vergangenen Jahrhunderten. Breiten Raum
nimmt dabei das Agrarwesen der DDR
ein. In der Gutsanlage kann man die
Wohnung eines LPG-Mitglieds besichtigen oder das »Holzpantinen-Gym-
nasium«, wie die Dorfschule genannt
wurde. Das Hauptgebäude direkt an
der Dorfstraße war die »Schnitter-
kaserne«, in der die Wanderarbeiter
wohnten. Hier findet man auch einen
Übersichtsplan, bekommt Eintritts-

In der Fleesensee Spa kann man es sich richtig gut gehen lassen: bei Gesundheits-
oder Kosmetikanwendungen entspannen, im Erlebnisbad toben oder im Fitness-
Studio die Muskeln trainieren.

karten und Informationen. Im Sommer gibt es Aktionstage, bei denen die Handwerker dem Publikum zeigen, wie sie früher gearbeitet haben.
7 km von Malchow entfernt, auf der B 192 Richtung Goldberg; Dorfstr. 21, 17214 Alt-Schwerin; Tel. 03 99 32/ 4 99 18; April und Okt. Di–So 10–17 Uhr, Mai–Sept. tgl. 10–17 Uhr; Eintritt Erw. 4 €, Kinder 2,50 € (unter 6 frei)

Ferienland Fleesensee
┈┈> S. 118, A 8

Die größte Ferienanlage in diesem Gebiet mit insgesamt 577 Zimmern und Ferienwohnungen, 4 Golf-Plätzen, 17 Tennisplätzen, Erlebnisschwimmbad, Reiterhof u. v. m.
5 km östlich von Malchow

HOTELS/ANDERE UNTERKÜNFTE
Schlosshotel Blücher
Fünf-Sterne-Hotel für höchste Ansprüche in historischem Gebäude.
Schlossstr. 1, 17213 Göhren-Lebbin; Tel. 03 99 32/8 01 00, Fax 80 10 80 10, www.radissonsas.de; 166 Zimmer ●●●●
CREDIT 🚲 🐾

Robinson Club
Der erste Club dieser Art in Deutschland. Eine gute Adresse für Aktivurlauber und Familien.
Penkower Str. 1, 17213 Göhren-Lebbin; Tel. 03 99 32/8 02 00, Fax 8 02 01 00; www.robinson.de;
●●● AmEx MASTER VISA 🚲

Dorfhotel
Nach historischen Vorbildern neu erbautes Mecklenburger Dorf im Ferienzentrum. Familiengerechte Apartments. Jede Menge Unterhaltung.
Am Kalkberg 1, 17213 Göhren-Lebbin; Tel. 03 99 32/8 03 00, Fax 80 30 20; www.dorfhotel.com; ●● bis ●●●
AmEx MASTER VISA

Das Freilichtmuseum Alt-Schwerin ermöglicht einen Ausflug in die »gute alte Zeit«.

Lenz
┈┈> S. 117, F 3

Am Ufer des Plauer Sees liegt der Ortsteil Lenz. Vom Steilufer bietet sich ein herrlicher Blick, der Badestrand ist noch nicht überlaufen, und ein Ausflugslokal lädt zur Rast ein.
Ausflugsschiffe auf der Linie Malchow–Plau legen hier an.
5km von Malchow

Sparow
┈┈> S. 117, F 3

Ein Großsteingrab aus der Jungsteinzeit liegt in der Nähe des kleinen Dorfs. Außerdem gibt es am Drewitzer See schöne Badestellen.
8 km von Malchow (auf der B 192 in Alt Schwerin abbiegen)

Waren und die Müritz

Das »Mecklenburgische Meer« verlockt zu Boots-touren, der Nationalpark zu Wanderungen.

Blickfang der Warener »Skyline« ist der Turm der Sankt Georgskirche.

Waren   ⤑ S. 120, B 9

22 000 Einwohner

Die Stadt am Nordufer der Müritz ist schon seit Mitte des 19. Jh. eines der touristischen Zentren der Mecklenburgischen Seenplatte. Warens bevorzugte Lage zwischen der **Binnenmüritz, Tiefwaren-** und **Feisnecksee** veranlasste schon damals einige Künstler und Wohlhabende aus Berlin, hier ihr Ferienhaus zu bauen. Vor 150 Jahren war die Stadt auch eines der größten Wirtschaftszentren des Gebietes. Davon zeugen noch heute die alten Speicherhäuser am Hafen. Dort lagerten die Güter, die über den Müritz-Havel-Kanal von Berlin und über die kanalisierte Elde und die Elbe von Hamburg transportiert wurden.

Auf den ersten Blick hat man am Müritzer Hafen gar nicht das Gefühl, am größten Binnensee Norddeutschlands zu stehen – die gegenüberliegenden Ufer scheinen ganz nah. Das liegt aber daran, dass die Bucht der Binnenmüritz vor Waren nur einen schmalen Ausgang von etwa 500 m Breite zum »Mecklenburgischen Meer« hat. Dieser Begriff ist nicht übertrieben, denn der Name Müritz ist aus dem slawischen »morcze« abgeleitet, was kleines Meer bedeutet. Aber das hat die gewaltige Größe von 117 qkm; über 29 km dehnt es sich von Norden nach Süden, ist zwischen Ost- und Westufer bis zu 13 km breit und hat eine maximale Tiefe von 33 m.

Das Westufer der Müritz ist hügelig, das Ostufer flach, sandig und größtenteils bewaldet. Badegäste, Wassersportler und Angler finden hier ein Paradies vor. Im Hafen von Waren liegen Segel- und Motoryachten, Paddel- und Ruderboote und außerdem eine ganze Flotte von Hausbooten 👫, die man mieten kann. Ein Stückchen weiter, von den Anlegestellen am Kietz und der Steinmole, starten Ausflugsboote zu Fahrten über die Müritz und zu den benachbarten Seen.

Wanderer und Ruhesuchende finden ihr Paradies im **Müritz-Nationalpark** 👫, einem der schönsten Naturschutzgebiete Deutschlands. Vielfältige Seentypen, ausgedehnte Moore und Heiden, große Laub- und Nadelwälder prägen die weitgehend intakte Naturlandschaft. Hier gibt es noch eine Vielfalt von selten gewordenen Pflanzen und Tieren, zum Beispiel imposante Großvögel wie Seeadler, Fischadler und Kraniche.

HOTELS/ANDERE UNTERKÜNFTE

Ecktannen
Hotel in idyllischer Lage an der Müritz mit gepflegten Zimmern.
Fontanestr. 51; Tel. 0 39 91/62 90, Fax 62 91 00; www.ecktannen.de; 24 Zimmer ●●● CREDIT ♿ 🐕

Margarete
Gepflegtes Hotel in einer alten Villa am Waldrand des Nationalparks. Die Zimmer sind modern und geschmackvoll ausgestattet.
Fontanestr. 11; Tel. 0 39 91/62 50, Fax 62 51 00; www.villa-margarete.de; 31 Zimmer ●●● CREDIT 🐕

Goldene Kugel
Kleines, einfaches Hotel-Garni im Stadtzentrum.
Große Grüne Str. 16; Tel. 0 39 91/6 13 80, Fax 61 38 25; 14 Zimmer ●● bis ●●● 🐕

Ingeborg
Das komfortable Hotel-Garni liegt zwischen Marienkirche und Yachthafen.
Rosenthalstr. 5; Tel. 0 39 91/6 13 00, Fax 61 30 30; www.hotel-ingeborg-waren.m-vp.de; 26 Zimmer ●● bis ●●● DINERS MASTER VISA

Kegel
Kleiner Gasthof in der Innenstadt mit modernen Zimmern.
Große Wasserstr. 4; Tel. 0 39 91/6 20 70, Fax 62 07 14; www.gasthof-kegel.de; 15 Zimmer ●● bis ●●● AmEx MASTER VISA 🐕

Paulshöhe

Hübsches, kleines Hotel am Tiefwarensee gelegen mit gut eingerichteten Zimmern.

Falkenhäger Weg; Tel. 0 39 91/1 71 40, Fax 17 14 44; www.paulshoehe.de; 14 Zimmer ●● bis ●●●
AmEx MASTER VISA 🐾

SPAZIERGANG

An der Anlegestelle Kietzbrücke, wo die Ausflugsschiffe starten, sollte man seinen Bummel beginnen. Vorbei am alten Speicherhaus liegt links auf dem Weg zur Innenstadt der Museumsgarten, rechts sieht man den Turm der Georgenkirche. Die Fußgängerzone in der Langen Straße führt zum Neuen Markt mit dem historischen »Haus des Gastes« und dem **Rathaus**. Von dort sind es nur wenige Schritte bis zur **Marienkirche** in der großen Burgstraße. Die Marktstraße führt vom Rathaus direkt zum Alten Hafen. Um zum Ausgangspunkt zurückzugelangen, schlendert man am besten durch die Strandstraße mit ihren malerisch am Hang gelegenen Häusern und über den Alten Markt. Selbst wer sich unterwegs viel Zeit lässt, braucht für diesen Rundgang nicht länger als eine Stunde.

SEHENSWERTES

Marienkirche

Diese ehemalige Pfarrkirche wurde im 14. Jh. als dreischiffiges Gotteshaus erbaut, jedoch durch mehrere Brände zerstört und 1792 einschiffig wieder aufgebaut. Charakteristisch an dem Backsteinbau ist der 54 m hohe Turm mit dem barocken Helm.
Mariengasse

Neuer Markt

Obwohl Waren schon rund 730 Jahre alt ist, sind die bekanntesten Häuser der Stadt sehr viel jüngeren Datums. Eines der schönsten Fachwerkgebäude, die Löwenapotheke am Neuen Markt, stammt aus dem 17. Jh. Gegenüber steht das Neue Rathaus, 1797 im Tudorstil erbaut, 1857 vergrößert und verändert.

Sankt Georg

Die schlichte Stadtkirche von 1225 ist das älteste Gebäude der Stadt. Sie wurde im 14. Jh. zu einer dreischiffigen Backsteinbasilika im frühgotischen Stil umgebaut, der gewaltige Turm wurde im 15. Jh. hinzugefügt. Der Blick vom Westturm reicht weit über die Seenlandschaft.
Georgen-Kirchplatz

Blickfang Hausschmuck im Zentrum von Waren.

Müritz-Museum mit Aquarium

1866 von Freiherr Hermann von Malt-zan gegründet. Neben den geologi-schen, botanischen und zoologischen Ausstellungen im Hauptgebäude bie-tet das Süßwasseraquarium Einbli-cke in die einheimische Unterwasser-welt, die sonst nur Taucher erleben können.

Friedenstr. 5; Mai–Sept. Mo–So 10–18 Uhr, Okt. und Apr. Di–So 10–17 Uhr, Nov.–März Di–So 10–16 Uhr; Eintritt Erw. Hauptsaison 4 €, Neben-saison 3,50 €, Kinder 1,50 €

Alt-Waren

Historische Gaststätte mit gutbürger-licher Küche und Fischspezialitäten.
Lange Str. 9 (Fußgängerzone);
Tel. 0 39 91/63 37 77; tgl. 9–22 Uhr
●●

Altes Reusenhaus

Urige Fischgaststätte mit eigener Räu-cherei.
Schulstr. 7 ; Tel. 0 39 91/66 68 97; tgl. ab 11.30 Uhr ●● AmEx MASTER VISA

De Tüfften Stuw

Mecklenburger Spezialitäten rund um die Kartoffel (Tüfften Stuw ist plattdeutsch für Kartoffelstube).
Mühlenstr. 3; Tel. 0 39 91/67 45 02; tgl. ab 11 Uhr ● bis ●●

Klabautermann

Fisch von A bis Z, d. h. von Aal bis Zander.
Marktstr. 1; Tel. 0 39 91/66 23 06; Di–So ab 11.30 Uhr ● bis ●● AmEx MASTER VISA

Kleines Meer

Das Gourmet-Restaurant in Waren.
Alter Markt 7; Tel. 0 39 91/64 80; tgl. 12–15 Uhr Weinbistro, ab 17.30 Uhr Abendessen ●●● AmEx MASTER VISA

Ratskeller

Rustikale Gaststätte mit angenehmer Atmosphäre. Spezialitäten sind Meck-lenburger Gerichte.

Neuer Markt 1; Tel. 0 39 91/66 61 09; tgl. ab 11 Uhr ●● DINERS MASTER VISA

Seebad

Sympathisches Restaurant an der Strandpromenade mit guter, bürger-licher Küche und gleichermaßen le-ckeren wie frischen Fischspezialitä-ten.

Strandpromenade; Tel. 0 39 91/66 87 30; tgl. ab 11 Uhr ●●

Zur Kegelbahn

Schank- und Speisewirtschaft mit Hausmacherküche. Jeden Freitag und Samstag ab 19 Uhr wird knuspriges Spanferkel vom Grill bei Livemusik serviert.

Am Tiefwarensee; Tel. 0 39 91/12 59 33; tgl. ab 11.30 Uhr ● bis ●●

YorXX

Livemusik, meist Jazz und Blues, abends herrscht garantiert immer tol-le Stimmung.

Hafenpassage, direkt am Stadthafen;
Tel. 0 39 91/66 77 50

MERIAN-Tipp

★ 5 Mit dem Hausboot von See zu See

Auf große Fahrt zu gehen wird im Gebiet der Mecklenburgischen Seen zum unvergesslichen Erlebnis. Wer will, kann dabei Tag für Tag neue Seen und Wasserwege entdecken. Das Revier kennt fast keine Grenzen, Hobbykapitäne können sogar bis nach Berlin oder an die Elbe fahren. Individualisten werden genügend Vorräte an Bord haben, um sich in der gut ausgestatteten Kombüse selbst zu versorgen und abends irgendwo in einer romantischen Bucht oder an ei-nem einsamen Strand zu ankern.

Der größte Vermieter von Hausbooten ist Kuhnle-Tours, Tel. 0 18 03/32 32 64, Fax 03 98 23/2 66 26.

tz Information
1, 17192 Waren;
Tel. 0 39 9₁ ⁄ 66 61 83, Fax 66 43 30;
www.mueritz-info.m-vp.de

Personenschifffahrt, Kaffee- und Tanzfahrten
»Müritzwind«; Strandstr./Steinmole;
Tel. 0 39 91/66 66 64, Fax 66 58 79

Warener Schifffahrtsgesellschaft
Am Stadthafen; Tel. 0 39 91/66 30 34
oder 12 56 24, Fax 12 56 93

Hafenmeister
Tel. 0 39 91/66 67 54, Fax 66 99 71

Ziele in der Umgebung

Klink
⤳ S. 120, A 9

Zu DDR-Zeiten war der kleine Ort wegen des riesigen Ferienheims für 1200 Gäste sehr beliebt. Der inzwischen weitgehend renovierte und modernisierte Plattenbau, das heutige **Müritz-Hotel**, liegt landschaftlich sehr schön auf dem schmalen Landstreifen zwischen Müritz und Kölpinsee. Ein guter Kontrast zum Hotelhochhaus ist das romantische **Schlosshotel Klink** direkt am Ufer der Müritz. Das Bauwerk im Stil der Neorenaissance wurde gegen Ende des 19. Jh. den französischen Loire-Schlössern nachempfunden. Im Ort Klink findet man als Alternative dazu preiswerte Privatzimmer.
8 km von Waren

HOTELS/ANDERE UNTERKÜNFTE
Schlosshotel Klink
Der »Garten Eden« an der Müritz. Es gibt zwei Restaurants, ein Panoramaschwimmbad und einen Wellnessbereich für verwöhnte Gäste.
Tel. 0 39 91/74 70, Fax 74 72 99;
www.schlosshotel-klink.de; 108 Zimmer
●●● CREDIT ♿ 🐕

Müritz-Hotel
Schöne Badestrände und großes Sportangebot.
17192 Klink; Tel. 0 39 91/14 18 55-57,
Fax 14 18 54; www.mueritz-hotel.de;
412 Zimmer ●● CREDIT ♿ 🐕

Röbel
⤳ S. 120, A 10

5900 Einwohner

Das Hafenstädtchen in einer Bucht am Westufer der Müritz hat seinen ganz besonderen Reiz. Da durch Röbel früher die Grenze zwischen den beiden Bistümern Schwerin und Havelberg verlief, stehen hier gleich zwei imposante Kirchen: Die **Nikolaikirche**, Mitte des 13. Jh. erbaut, am Markt in der Neustadt, ist eine frühgotische dreischiffige Hallenkirche mit wertvollem Chorgestühl (1519) und Taufstein aus romanischer Zeit. Die **Marienkirche** von 1250, ebenfalls ein dreischiffiges Gotteshaus, steht in Alt-Röbel. Von ihrem 58 m hohen neugotischen Turm (im 19. Jh. neu erbaut) hat man einen herrlichen Blick auf die malerischen Fachwerkhäuser der Stadt und bis weit über die Müritz. In der Nähe dieser Kirche, im Hafen, legen Ausflugsschiffe zu Fahrten auf der Müritz und zu den benachbarten Seen ab. Ein schönes Fotomotiv sind die romantischen Bootshäuser am Ufer der Hafenbucht. Wer diese Idylle betrachten will, kann das gut vom Hotel-Restaurant »Seestern« aus, einer der besten Adressen für Wild- und Fischgerichte.
24 km von Waren

HOTELS/ANDERE UNTERKÜNFTE
Gutshaus Ludorf
Nach längerer Restaurierung ist das 1698 erbaute Gutshaus als gepflegtes Hotel wieder eröffnet worden. Park hinter dem Haus, Kaminzimmer, Bibliothek, große Gartenterrasse.
17207 Ludorf/Müritz; Tel. 03 99 31/
84 00, Fax 8 46 20; www.gutshaus-ludorf.de; 26 Zimmer ●●● DINERS MASTER 🐕

Das Hafenstädtchen Röbel genießt eine bevorzugte Lage am Westufer der Müritz.

Seestern
Wunderschön an der Müritz gelegen.
Müritzpromenade;
Tel. 03 99 31/5 80 30, Fax 58 03 39;
www.hotel-seestern-roebel.m-vp.de;
29 Zimmer ●●● MASTER VISA

SERVICE
Auskunft
Tourist-Information
Straße der deutschen Einheit 7,
17207 Röbel; Tel./Fax 03 99 31/5 06 51;
www.mueritz.de

Mirow ⟶ S. 120, B 11

4000 Einwohner

Die Schleuse von Mirow ist sozusagen das Tor zwischen der Müritz und der Mecklenburgischen Kleinseenplatte. Stadt und Schloss sind einen Besuch wert. Die Ursprünge gehen auf eine Gründung des Johanniterordens 1227 zurück. Das **Barockschloss** aus dem 18. Jh. auf der Insel im Mirower See erreicht man durch ein Renaissancetorhaus (1588) am Wassergraben, dem ältesten Gebäude des Ortes. Diese Schlossinsel ist mit der kleinen Liebesinsel durch eine Brücke verbunden. Hier wurde Adolf Friedrich VI., der letzte Großherzog von Mecklenburg-Strelitz, begraben, nachdem er sich wegen einer Spionageanklage und einer unglücklichen Liebesgeschichte 1918 das Leben genommen hatte. Andere Mitglieder des Herrscherhauses fanden hier in der Gruft der **Johanniterkirche** ihre letzte Ruhestätte. Die Kirche der ehemaligen Komturei aus dem 14. Jh. wurde 1945 völlig zerstört und 1951 wieder aufgebaut.
50 km von Waren

HOTELS/ANDERE UNTERKÜNFTE
Mecklenburger Hof
Im Zentrum gelegen, gutbürgerlich, mit Garage für Fahrräder.

Restaurant Fürst Nikolaus im Romantik-Hotel Borchard's Rookhus.

Töpferstr. 1;
Tel. 03 98 33/26 20, Fax 2 03 02,
www.mecklenburgerhof-mirow.de;
20 Zimmer ●● 🔲 🐴

SERVICE
Auskunft
Tourist-Information
Torhaus, 17252 Mirow;
Tel./Fax 03 98 33/2 80 22;
www.mirow.m-vp.de

Wesenberg   ⤳ S. 120, C 10
3000 Einwohner

Gemütlichkeit und Ruhe strahlt das
Städtchen am Woblitzsee aus. Von
der Burg aus dem Jahre 1282 blieben
nach einem Brand 1945 nur Reste erhalten. Vor der spätgotischen Kirche
(1349) mit Barockhaube steht am
Südeingang eine uralte Linde. Neben
den historischen Gebäuden lockt die

intakte Natur rund um den Ort. Wer
ungestört baden, angeln und wandern will, wird sich hier wohl fühlen.
58 km von Waren

HOTELS/ANDERE UNTERKÜNFTE
Romantik-Hotel
Borchard's Rookhus
Sehr gutes Hotel, das auch verwöhn-
ten Ansprüchen gerecht wird. Im
Haus das hervorragende Restaurant
»Fürst Nikolaus« mit regional-medi-
terraner Marktküche.
Am Großen Labussee, 17255 Wesenberg;
Tel. 03 98 32/5 00, Fax 5 01 00;
www.rookhus.de; 45 Zimmer ●●●
AmEx MASTER VISA ♿ 🐴

SERVICE
Auskunft
Informationsbüro
Burg, 17255 Wesenberg;
Tel. 03 98 32/2 06 21, Fax 2 03 83;
www.wesenberg-mecklenburg.de

DAMIT HABEN SIE DEN 1. PLATZ IN DER TASCHE.

Die Mecklenburgische Schweiz

Die Barlach-Stadt Güstrow ist umgeben von sanfter Natur und wunderschönen Schlössern.

Auf dem Marktplatz von Güstrow lassen sich Fassaden aus unterschiedlichen Stilepochen bewundern.

Güstrow ···⟩ S. 117, E 1

33 000 Einwohner
Stadtplan → S. 67

Güstrow liegt am Nordwestrand der Mecklenburgischen Schweiz, umgeben von Insel-, Parumer- und Sumpfsee. Nicht nur die zum Teil gut erhaltenen mittelalterlichen Bauwerke machen Güstrow sehenswert. Die meisten Besucher kommen, um die Werke des Bildhauers, Grafikers und Dramatikers **Ernst Barlach** zu sehen, der von 1910 bis zu seinem Tod im Jahre 1938 hier lebte. Einen guten Überblick über sein Schaffen zeigen das **Atelierhaus**, das 1998 eröffnete Ausstellungsforum und das neue Grafik-Kabinett der Ernst Barlach-Stiftung. Außerdem wurde eine Gedenkstätte mit Barlachs Plastiken in der **Gertrudenkapelle** eingerichtet. Sein bekanntestes Werk, die Bronzeplastik »Der Schwebende«, kann man im Dom bewundern.

Die Geschichte der Stadt Güstrow – urkundlich 1228 erstmals erwähnt – beginnt mit der Stiftung des Doms durch Heinrich Borwin II. von Rostock im Jahre 1226. Güstrow wurde planmäßig um den Markt herum angelegt und kam durch Wollhandel, Tuchproduktion und Bierbrauerei schnell zu wirtschaftlicher Blüte. Die Herzöge von Mecklenburg ließen 1558 bis 1588 an der Stelle einer slawischen Burg ein Schloss bauen. Im Dreißigjährigen Krieg eroberte der Feldherr Wallenstein 1627 die Stadt, in der er dann bis 1629 herrschte. Um 1700 endete der wirtschaftliche Aufstieg der Stadt, die erst im 19. Jh. durch Holz- und Eisenindustrie wieder an Bedeutung gewann.

   Mittlerweile hat sich der Fremdenverkehr in Güstrow zu einem wichtigen Geschäftszweig entwickelt. Neben einem großen Kulturangebot gibt es jetzt auch ansprechende Unterhaltungs- und Sportmöglichkeiten.

HOTELS/ANDERE UNTERKÜNFTE

Am Güstrower Schloss ···⟩ S. 67, b 3
Vis-à-vis vom Schloss in jeder Hinsicht eine gute Adresse.
Schlossberg 1;
Tel. 0 38 43/76 70, Fax 76 71 00;
www.schlosshotel-guestrow.de;
45 Zimmer ●●● AmEx MASTER VISA ♿ 🐕

Kurhaus am Inselsee
···⟩ S. 67, südöstl. c 3
Ruhig zwischen Wald und See mit elegant eingerichteten Zimmern.
Heidberg 1; Tel. 0 38 43/85 00,
Fax 85 01 00; www.kurhaus-guestrow.de;
38 Zimmer ●●● AmEx MASTER VISA ♿ 🐕

Nordik-Hotel Altstadt ···⟩ S. 67, c 1
Neubau mit viel Atmosphäre und Individualität in der Innenstadt.
Baustr. 8–10; Tel. 0 38 43/4 65 50,
Fax 4 65 52 22; www.nordik-hotels.de;
43 Zimmer ●●● CREDIT 🐕

Stadt Güstrow ···⟩ S. 67, b 2
Traditionsreiches Haus im Zentrum der Stadt für Gäste mit gehobenen Ansprüchen. Denkmalgeschütztes Äußeres, modernes Interieur.
Pferdemarkt 58; Tel. 0 38 43/78 00,
Fax 78 01 00; www.nordik-hotels.de;
71 Zimmer ●●● CREDIT ♿ 🐕

Kleinekorte ···⟩ S. 67, westl. a 2
Zentral gelegene Pension, gut eingerichtete Zimmer.
Ulmenstr. 4 (Eingang Elisabethstr.);
Tel. 0 38 43/68 48 66, Fax 68 25 22;
8 Zimmer ●● ▱ 🐕

Villa Camenz ···⟩ S. 67, nordöstl. c 1
Ruhig gelegene Pension garni mit schönem Blick und gutem Komfort.
Lange Stege 13; Tel. 0 38 43/2 45 50,
Fax 24 55 45; www.villa-camenz.de;
15 Zimmer ●● bis ● ▱ 🐕

SEHENSWERTES

Dom ···⟩ S. 67, b 3
Barlachs »Der Schwebende« hat Güstrows Dom über die Landesgrenzen hinaus bekannt gemacht. Während

Dom und Rathaus prägen die Altstadt von Güstrow. Herrlich ist das seenreiche Umland.

des Naziregimes galten die Werke des Künstlers als »entartet«. Ausgerechnet seine 1926/1927 als Ehrenmal für die Gefallenen des Ersten Weltkriegs geschaffene Bronzeplastik mit den Gesichtszügen von Käthe Kollwitz wurde 1937 von den NS-Machthabern eingezogen und dann eingeschmolzen, um daraus Munition herzustellen. Der Nachguss aus dem Jahr 1952 hängt in der nördlichen Seitenkapelle.

Der slawische Fürst Heinrich Borwin II., ein Enkel des Welfen Heinrich der Löwe, stiftete den Dom 1226. Es dauerte bis 1335, bis das Bauwerk als kreuzförmige dreischiffige Backsteinbasilika fertig gestellt war. Erst Ende des 14. Jh. wurden die Arbeiten mit dem Umbau des Seitenschiffs zur zweischiffigen Halle endgültig abgeschlossen. Der Dom war nie Bischofssitz. Seine Innenausstattung birgt neben der Barlach-Skulptur bedeutende Kunstschätze aus dem Mittelalter. Das Triumphkreuz gleich rechts neben dem Eingang stammt aus dem Jahr 1370. Um 1500 entstand der spätgotische Hochaltar.

Rund 30 Jahre später schuf der Lübecker Bildschnitzer Claus Berg die **Güstrower Domapostel,** zwölf fast lebensgroße Apostelfiguren, die an den Pfeilern des Langhauses aufgestellt sind. Die Kanzel datiert aus der zweiten Hälfte des 16. Jh., der Taufstein von 1592. Einige Mecklenburger Herzöge sind in Wandgräbern beigesetzt, unter anderem Herzog Ulrich (1587) mit seinen beiden Frauen in der Fürstengruft. Dieses monumentale Marmorgrabmal zeigt die drei Figuren kniend mit Blick auf den Altar.

Ernst-Barlach-Gedenkstätten

····⟩ südöstl. c 3

1910, 40 Jahre alt, zog der in Wedel bei Hamburg geborene Bildhauer, Grafiker und Dramatiker Ernst Barlach nach Güstrow. Von 1931 bis zu seinem Tod im Jahre 1938 wirkte er in seinem neuen Haus am Ostufer des Inselsees. Von hier ging sein Ruhm als Künstler in alle Welt. Barlachs Plastiken sind trotz ihrer Schlichtheit sehr ausdrucksstark. In seinem **Atelierhaus** am Heidberg sowie nebenan im **Neuen Museum der Ernst Barlach-Stiftung** und im neu eröffneten Grafik-Kabinett werden seine Plastiken sowie Grafiken, Zeichnungen und Handschriften ausgestellt.
Heidberg 15; Di–So: April–Okt.
10–17 Uhr, Nov.–März 11–16 Uhr;
Eintritt Erw. 4 €, Kinder 3 €

Ernst-Barlach-Theater ⇢ S. 67, b 3

Zu Ehren des Künstlers trägt das älteste Theater Mecklenburgs, ein schlichter klassizistischer Bau aus dem Jahre 1828, seinen Namen.

Franz-Parr-Platz

Gertrudenkapelle ⇢ S. 67, a 1

Ebenfalls eine Barlach-Gedenkstätte ist diese spätmittelalterliche ehemalige Friedhofskapelle, die der Künstler sehr liebte und die seit 1953 Museum ist. Hier stehen einige der bedeutendsten Werke des Bildhauers, zum Beispiel »Lesender Klosterschüler«, »Gefesselte Hexe«, »Der Zweifler«, »Frierendes Mädchen« und »Wanderer im Wind«. Interessante Informationen über das Werk des Künstlers findet man im Internet unter www.barlach-stiftung.de.

Gertrudenplatz 1; Di–So: April–Okt. 10–17 Uhr, Nov.– März 11–16 Uhr; Eintritt Erw. 3 €, Kinder 1 €

Natur- und Umweltpark
⇢ S. 67, südöstl. c 3

Am Rande von Güstrow liegt der aus dem einstigen Tierpark hervorgegangene Natur- und Umweltpark, in dem etwa 50 Tierarten aus der Region zu sehen sind. Dort lebt das einzige Wolfsrudel Mecklenburgs in einem Freigehege. Über die Anlage führt eine 110 m lange Brücke. Die Eulenvoliere steht allen Besuchern offen. Nebenan kann man Seeadler, Störche, Uhus, Kraniche, Rehe und Hirsche beobachten. Einmalig in Deutschland sind der 17 m lange Aquatunnel und ein 30 m langes Aquarien-Erlebnisland. Zum Angebot gehören weiterhin ein Abenteuerspielplatz und Aktionspfade. Weitere Infos im Internet unter www.nup-guestrow.de.

Verbindungschaussee; tgl. 9–19 Uhr, im Winter bis Einbruch der Dämmerung; Eintritt Erw. 7 €, Kinder 3 €

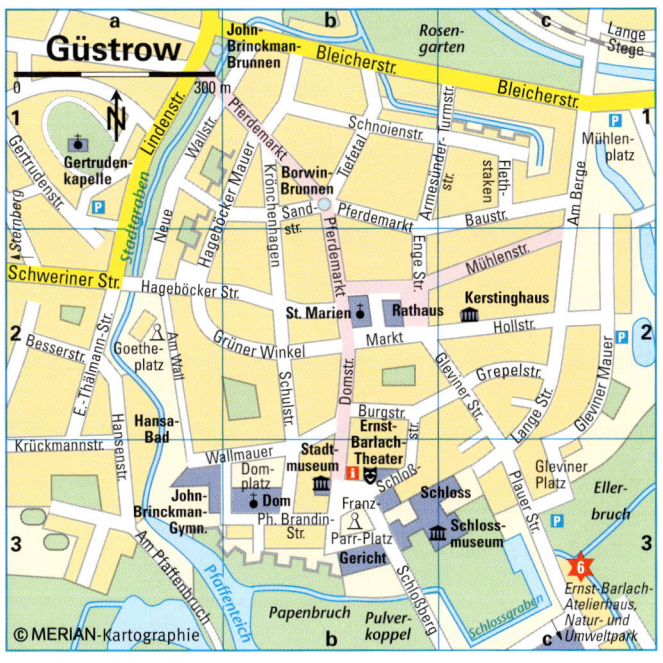

© MERIAN-Kartographie

*Der Garten und die repräsentativen In-
nenräume des Renaissanceschlosses von
Güstrow sind für Besucher zugänglich.*

Sankt Marien   ····⟩ S. 67, b 2

Auf dem Markt steht die dreischiffige
Hallenkirche St. Marien, eine gotische
Backsteinbasilika. Ihre Ursprünge reichen bis ins frühe 14. Jh., zwischen
1880 und 1883 wurde sie umgebaut.
Der gotische Altar von 1522 zeigt die
Kreuzigung und Passionsstation mit
geschnitzten Figuren von Jan Bor-
mann aus Brüssel. Die Tafelbilder
(frühes 16. Jh.) malte Bernaert van
Orley aus Antwerpen. Aufwendig de-
koriert ist auch die Sandsteinkanzel
von 1583. Im Jahre 1599 kam dann
das kunstvolle Ratsgestühl von Mi-
chael Meyer aus Rostock hinzu.

In den Sommermonaten kann
man den 53 m hohen Turm besteigen
und hat von dort einen Ausblick über
die Stadt und kann auch den fast run-
den Grundriss Güstrows erkennen.

Schloss   ····⟩ S. 67, b/c 3

Das Schloss Güstrow ist der größte
erhaltene Renaissancebau Mecklenburgs. Nach einem Brand im Jahre
1557, der große Teile des alten
Schlosses zerstörte, ließ Herzog Ulrich von Mecklenburg es als moderne
Residenz völlig neu errichten. Verschiedene Baumeister hinterließen
zwischen 1558 und 1598 ihre Spuren.
Der Italiener Franziskus Parr plante
eine große Vierflügelanlage mit Eck-
türmen und Arkadengalerien auf der
Hofseite. Aus finanziellen Gründen
wurden ab 1587 Teile des ursprünglichen Plans aufgegeben und der
Nordflügel niedriger und weniger aufwendig erbaut. 1594 folgte dann der
sich rechtwinklig anschließende Ost-
flügel, der allerdings mit einem Teil
des Nordflügels 1795 wegen Baufäl-
ligkeit wieder abgerissen wurde.

Die Innenräume sind mit Stucka-
turen, Malereien und farbigen Kera-
mikfußböden, der Tanz- und Festsaal
im Südflügel mit einer wertvollen
Kassettendecke ausgestattet. Jagdszenen und mythologische Darstel-
lungen füllen die Bildfelder.

Nachdem das Schloss von 1817
bis 1919 als Landarbeiterhaus und
bis 1952 als Fürsorgehaus (eine
Zwangsanstalt für gesellschaftliche
Randgruppen) genutzt wurde, waren
aufwendige Restaurierungsarbeiten
(1964–1980) nötig, um es wieder zu
einem kulturellen Juwel werden zu
lassen. Heute erstrahlen Gebäude und
Renaissancegarten, der nach einem
Stich des Kupferstechers und Verle-
gers Matthäus Merian von 1640 wieder angelegt wurde, in neuem Glanz.
Di–So 9–17 Uhr; Eintritt Erw. 3 €, Kinder
2 € (Eintritt ins Schlossmuseum inklusive)

MUSEEN

Schlossmuseum   ····⟩ S. 67, b 3

Jagdwaffen, Jagdszenen sowie Re-
naissancekunstwerke.
Franz-Parr-Platz 1 (im Schloss); Di–So
9–17 Uhr

Stadtmuseum   ····⟩ S. 67, b 3

Dokumentation der Geschichte und
Kultur Güstrows. Im Museum wird

in einem separaten Raum an Georg Friedrich Kersting erinnert, der in Güstrow geborene Maler war mit Caspar David Friedrich befreundet und brachte es 1818 zum Malvorsteher der weltberühmten Meißner Porzellanmanufaktur. Eine Besonderheit ist die Theaterzettel-Sammlung mit rund 12 000 Stücken von 1741 bis zur Gegenwart.
Franz-Parr-Platz 10; Di–Fr 10–17, Sa 13–16, So 11–16 Uhr; Eintritt Erw. 3 €, Kinder 1,50 €

ESSEN UND TRINKEN

Barlach-Stuben   ···⟩ S. 67, b 2
Mecklenburger Spezialitäten in gepflegter Atmosphäre.
Plauer Str. 7; Tel. 0 38 43/68 48 81; tgl. ab 11 Uhr ●● MASTER VISA

Café Küpper   ···⟩ S. 67, b 2
Gemütliches Kaffeehaus (seit 1852) mit leckeren Gerichten.
Domstr. 15; Tel. 0 38 43/68 24 85; Mo–Fr 8–18 Uhr ●● ▭

Kurhaus am Inselsee
···⟩ S. 67, südöstl. c 3
Restaurant mit Fisch- und Wildspezialitäten.
Heidberg 1; Tel. 0 38 43/85 00; tgl. ganztags geöffnet ●●● AmEx MASTER VISA

Marktkrug   ···⟩ S. 67, b/c 2
Gutbürgerliche Küche und Café.
Markt 14; Tel. 0 38 43/68 12 82; Mo–Sa ab 8.30, So ab 10 Uhr ●● ▭

Wiener Café   ···⟩ S. 67, c 2
Mit eigener Konditorei und 200 Jahre alten Stuckdecken.
Gleviner Str. 29; Tel. 0 38 43/68 67 33; Mo–Sa 7–18, So ab 14 Uhr ●● ▭

EINKAUFEN
Die meisten Geschäfte findet man am Marktplatz und in den Straßen, die von ihm abzweigen. Natürlich bieten die Buchhandlungen ein großes Sortiment an Literatur und Bildbänden zu Ernst Barlach.

In der Schauwerkstatt »Kieken un Köpen« auf dem Markt kann man Mecklenburger Kunsthandwerk kaufen.

AM ABEND
Ernst-Barlach-Theater   ···⟩ S. 67, b 3
Überwiegend niederdeutsche Stücke und Gaststücke, Konzerte, Kabarett.
Franz-Pfarr-Platz 6; Kartenvorverkauf Tel. 0 38 43/68 10 23

Konzerte
In der Pfarrkirche und im Dom finden während der Hauptsaison donnerstags Kirchenkonzerte statt. Stimmungsvoll sind auch die Sommerkonzerte im Schloss.

SERVICE
Auskunft
Güstrow-Information   ···⟩ S. 67, b 3
Auch Vermittlung von Unterkünften und Stadtrundgängen.
Domstr. 9; 18273 Güstrow; Tel. 0 38 43/68 10 23, Fax 68 20 79; www.guestrow.de

Stadtführung
Ab 15. Mai bis zum ersten Wochenende im Oktober beginnt täglich um 11 Uhr die Stadtführung. Treffpunkt: Denkmal auf dem Franz-Pfarr-Platz.
Eintritt Erw. 2 €, Kinder 1 €

Ziele in der Umgebung

Bützow   ···⟩ S. 117, D 1
9000 Einwohner

Die Stadt wurde bereits 1229 erstmals urkundlich erwähnt und war zeitweise Residenz der Schweriner Bischöfe, außerdem von 1760 bis 1789 Universitätsstadt.

Sehenswert ist die **Stiftskirche**, ein gotischer Backsteinbau aus der zweiten Hälfte des 13. Jh. Der spätgotische Altar mit Doppelflügeln (1503), der Taufkessel (1474) und die Kanzel (1617) verdienen besondere Beachtung. Das Heimatmuseum in-

Das Bützower Rathaus am Marktplatz wurde im Stil der Tudorgotik erbaut.

formiert über die Geschichte der Stadt und der Region. Interessante Ziele in der Nähe sind das **Warnow-Durchbruchtal** bei Groß Görnow und das Freilichtmuseum **Groß Raden** (→ Archäologisches Landesmuseum, S. 49, 104).

Bützow ist über die B 104 zu erreichen. Am Bahnhof halten die Züge der Strecke Schwerin–Rostock.
Etwa 10 km nordwestlich von Güstrow

SERVICE
Auskunft
Stadtinformation Bützow
Am Markt 1, 18246 Bützow;
Tel./Fax 03 84 61/5 01 20;
www.buetzow.de

Teterow
····⇢ S. 118, A 6

10 000 Einwohner

Teterow liegt im Herzen der Mecklenburgischen Schweiz, direkt am **Teterower See**. Die Insel im See war schon 3000 v. Chr. besiedelt, und vom 9. bis zum 12. Jh. stand dort eine slawische Burg. Mit einer Fähre kommt man zur Insel, ein beliebtes Ausflugsziel mit Badestrand, Bootsverleih und Gaststätte.

Teterow erhielt im Jahre 1235 Stadtrecht. Sehenswert sind die beiden Stadttore aus der Mitte des 14. Jh.: das **Rostocker Tor** im Osten und das **Malchiner Tor** im Westen, in dem das Stadtmuseum untergebracht ist. Die **St. Peter und Paul-Kirche** aus dem Jahr 1215 ist eine schlichte Backsteinbasilika. Das Wahrzeichen der Stadt, der 1914 enthüllte bronzene **Hechtbrunnen** vor dem Rathaus, erinnert an einen Schildbürgerstreich der Teterower: Fischer hatten einen besonders großen Hecht gefangen, wollten ihn aber erst zu einem Fest ein paar Tage später präsentieren. Deshalb warfen sie ihn zurück in den See und markierten die Stelle durch eine Kerbe in ihrem Kahn.

Wer sich für Motorsport interessiert, wird Teterow zu Pfingsten besuchen. Dann findet hier nämlich alljährlich das Grasbahnrennen auf dem **Bergring** statt. Die Strecke gilt als Eu-

ropas größte und schönste Grasbahn für Motorradrennen.
30 km östlich von Güstrow, über die B 104

Burg Schlitz
Die Top-Adresse für Urlauber, die sich mal rundherum verwöhnen lassen wollen! Das Hotel der allerhöchsten Kategorie ist in der bedeutendsten klassizistischen Schlossanlage Mecklenburg-Vorpommerns entstanden. 40 km südöstlich von Güstrow.
**17166 Hohen Demzin;
Tel. 0 39 96/1 27 00, Fax 12 70 70;
www.burg-schlitz.de; 20 Zimmer und Suiten ●●●● CREDIT 🐾**

Schloss Teschow
Luxuriöse Hotelanlage mit sehr guten Wellness-Einrichtungen und 18-Loch-Golfplatz. 23 km nordöstlich von Güstrow.
**Gutshofallee 1, 17166 Teschow;
Tel. 0 39 96/14 00, Fax 14 01 00;
www.schloss-teschow.de; 94 sehr große Zimmer und Suiten; ●●●● CREDIT ♿ 🐾**

Schloss Schorssow
Ein Hotel der Spitzenklasse mit sehr gutem Restaurant und Café (herrliche Sommerterrasse). 43 km südöstlich von Güstrow.
**Am Haussee, 17166 Schorssow;
Tel. 03 99 33/7 90, Fax 7 91 00;
www.schloss-schorssow.de; 44 Zimmer und Suiten ●●● bis ●●●● CREDIT ♿ 🐾**

Blücher
Zentral gelegenes Hotel mit zweckmäßigen Zimmern.
**Warener Str. 50;
Tel. 0 39 96/17 21 96, Fax 12 02 95;
16 Zimmer ● bis ●● MASTER**

SERVICE
**Auskunft
Tourist-Information**
**Marktplatz 8, 17166 Teterow;
Tel. 0 39 96/17 20 28, Fax 18 77 95;
www.teterow.de**

Malchin
┈┈> S. 118, B 7
8500 Einwohner

Zwischen dem Malchiner und dem Kummerower See wurde das Städtchen Malchin im 13. Jh. nach einem kreisförmigen Grundriss angelegt. Der Ort erhielt im Jahr 1236 Stadtrecht.

Heute gilt Malchin als die Hauptstadt der Mecklenburgischen Schweiz.

Nach jahrzehntelangem Dornröschenschlaf (durch Vernachlässigung zu DDR-Zeiten) ist Schloss Schorssow wiedererstanden.

Fast die gesamte mittelalterliche Innenstadt wurde Ende des Zweiten Weltkriegs zerstört.

Zeugen der großen Vergangenheit sind die beiden Stadttore, das Kalensche Tor aus der ersten Hälfte des 15. Jh. im Norden und das Steintor aus dem 14. Jh. im Süden. Es gibt auch noch Reste der Stadtmauer. Die sehenswerte Sankt Johannes-Kirche und die Marien-Kapelle entstanden zwischen 1397 und 1440 als gotische Backsteinbasilika.
Von 1621 bis 1916 tagte in Malchin, im Wechsel mit Sternberg, der mecklenburgische Landtag.
Das Ackerbürger- und Handwerksstädtchen war immer von einer gewissen Bedeutung wegen der zentralen Lage in dem ländlichen Gebiet. Und genau das macht es heute noch zum idealen Ausgangspunkt für ausgedehnte Wanderungen und Ausflüge zu den Seen, in die Wälder und zu den umliegenden Schlössern und deren Parkanlagen.
Auch Wasserwanderer legen in Malchin gern an, denn der Fluss Peene ist bis zur Ostsee schiffbar.
Immer mehr Urlauber wollen diese verträumte, sehr stille Landschaft kennen lernen. Für sie wurde ein neuer Hafen und Wasser-Wanderrastplatz, das »Kloesters-Eck« in Malchin, angelegt.

HOTELS/ANDERE UNTERKÜNFTE
Marcus
Zentral gelegenes und sehr angenehmes Hotel, mit Hausbar und Tanzveranstaltungen.
Am Markt 13; Tel. 0 39 94/2 38 90,
Fax 23 89 23; www.hotel-marcus.de;
18 Zimmer ●● 〰 🐕

Pension Gau
Familiengeführtes Haus im Stadtzentrum. Äußerst gemütlich eingerichtete Zimmer.
Basedower Str. 9–11;
Tel. 0 39 94/63 37 34, Fax 22 37 45;
6 Zimmer ●● 〰 🐕

Pension Am Wasserturm
Familiär und Sympathisch.
Basedower Str. 66; Tel. 0 39 94/22 24 89,
Fax 21 06 61; holger_dettmann@web.de;
8 Zimmer ● 〰

SPAZIERGANG
Malchin ist leicht überschaubar und schnell entdeckt. Bester Ausgangspunkt für einen Bummel ist der Marktplatz. Hier hat man gleich das Rathaus und die Stadtkirche im Blick. Beide lohnen auch eine Besichtigung von innen. Die Karl-Dressel-Straße führt zum Kalenschen Tor, die Steinstraße zum Steintor. Der gesamte kreisrunde Innenstadtbereich hat einen Durchmesser von nur 600 m Luftlinie. Man braucht nicht viel länger als eine halbe Stunde, um alles Wichtige zu sehen.

SEHENSWERTES
Rathaus
Das heutige Malchiner Rathaus ist nicht mehr das Gebäude, in dem sich von 1621 bis 1916 der Mecklenburger Landtag versammelte. Das ehemalige Rathaus brannte 1925 ab und wurde gleich danach wieder neu erbaut. Im Rathaussaal sind 72 Wappen des in dieser Stadt früher und zum Teil auch heute noch vertretenen Gewerbes zu sehen. Außerdem gibt es im Rathausturm beeindruckende Wandmalereien.
Am Markt 1

Sankt-Johannes-Kirche
Die spätgotische Pfarrkirche wurde zwischen 1397 und 1440 als dreischiffige Backsteinbasilika erbaut. Im mächtigen kathedralenähnlichen Bau mit lichtem Chor findet der Besucher eine reiche Ausstattung: eine prachtvolle hölzerne Kanzel im Renaissancestil von Hans Boeckler, im Jahre 1571 entstanden, den spätgotischen Flügelaltar mit der Marienkrönung aus dem 15. Jh. und die Triumphkreuzgruppe (um 1400) in der Marienkapelle.

Stadtbefestigung

Das beeindruckendste Bauwerk Malchins ist das Kalensche Vortor. Dieses nördliche Stadttor ist ein gotischer reich gegliederter Backsteinbau aus der ersten Hälfte des 15. Jh. Im Süden wurde die Stadt vom Steintor bewacht (14. Jh.). Die erste mit Steinen befestigte Straße des Ortes gab diesem Tor seinen Namen. Die Verbesserung der Verkehrswege brachte es dann aber in den neunziger Jahren des vergangenen Jahrhunderts fast zu Fall – die Stadtvertreter wollten es abreißen lassen. Doch die Bürger protestierten, und es blieb erhalten. Ein weiteres Überbleibsel der alten Stadtbefestigung ist der Fangelturm, ein hoher Mauerturm mit Renaissancegiebel nahe dem ehemaligen Osttor.

ESSEN UND TRINKEN

Das Café

Kaffee und Kuchen, Milchmix und Eis, Imbiss und Getränke, Treff der einheimischen Künstler.
Steinstr. 2; Tel. 0 39 94/63 21 28; tgl. ab 10, Sa/So ab 14 Uhr ● ▱

Ratskeller

Traditionsrestaurant im Gewölbe unter dem Rathaus. Auf der Speisekarte findet man gute mecklenburgische Spezialitäten.
Am Markt 1; Tel. 0 39 94/22 22 20; tgl. 11–14, 18–23 Uhr ●● ▱

Zur Kugel

Pizzeria, Imbiss, Snacks.
Bahnhofstr. 11; Tel. 0 39 94/21 02 65; tgl. ab 18 Uhr bis spät nachts ●● ▱

EINKAUFEN

Freitags ist Markttag auf dem Marktplatz.

AM ABEND

Bar im Hotel Marcus

Hier finden Tanzveranstaltungen statt.
Am Markt 12; Tel. 0 39 94/2 38 90; Mi–Sa 21–1 Uhr ▱

Irish-Pub

Kneipe mit ständig wechselndem Unterhaltungsprogramm, Kegelbahnen (am besten telefonisch reservieren), Livemusik, Kino und Disco.
Am Turnplatz 5; Tel. 0 39 94/63 21 21; tgl.18–2 Uhr ▱

Konzerte

In der Stadtkirche werden gelegentlich Orgelkonzerte veranstaltet. Termine stehen in der Tagespresse oder werden per Aushang bekannt gegeben.

SERVICE

Auskunft

Stadtinformation
**Am Markt 1; 17139 Malchin;
Tel. 0 39 94/64 01 11, Fax 64 01 23;
www.malchin.de**

Basedow ⤳ S. 118, B 7

800 Einwohner

Basedow liegt an der **Deutschen Alleenstraße** und ist deshalb im Sommer nur durch »grüne Tunnel« zu erreichen. In Richtung Malchin stehen zunächst alte Eichen zu beiden Seiten des Straßenrands. Dann folgen Kirschbäume – zur Blütezeit eine Augenweide. Von Basedow aus gen Westen über Dahmen bis zur B 108 schieben sich die Kronen riesiger Kastanien zum durchgehenden Schattenspender zusammen.

Im Dorf selbst lohnt sich die Besichtigung des Schlosses aus dem 16. und 17. Jh. in einer wunderschönen, 1835 vom berühmten Gartenbauarchitekten Joseph Peter Lenné angelegten englischen Parklandschaft. Außerdem steht im Ort eine gotische Dorfkirche aus dem 13. Jh. mit außergewöhnlich reicher Innenausstattung. Dazu gehören der sehenswerte Altar (1592), ein Taufbecken aus dem 17. Jh. und eine spätgotische Triumphkreuzgruppe sowie die Barockorgel aus dem 16. Jh. Am

Malchiner See gibt es gute Bademöglichkeiten.

Etwa 7 km von Malchin

Demmin   ···⟫ S. 118, C 6

13 000 Einwohner

Gut zu erreichen über die B 104 bis Stavenhagen und von dort weiter auf der B 194 liegt im äußersten Nordwesten des Gebiets der Mecklenburgischen Seen die Hansestadt Demmin. Geschützt von den Flüssen Peene, Tollense und Trebel, siedelten hier schon im 5./6. Jh. wendische Stämme. Die erste urkundliche Erwähnung stammt von Papst Innozenz II. aus dem Jahr 1140. Demmin war durch die günstige Lage an historischen Straßen und Wasserwegen immer ein bedeutender Handelsort. Ihre Blütezeit erlebte die Stadt während ihrer Mitgliedschaft im Hansebund (von 1283–1607). Aus dieser Zeit stammen auch die Getreidespeicher am Peenehafen. Sonst sind nicht mehr viele historische Bauwerke erhalten, da im Mai 1945 fast 80 Prozent der Innenstadt zerstört wurden. Von der Stadtbefestigung sind nur noch das Luisentor, erbaut 1570, heute als Jugendherberge genutzt, und einige Teile der Stadtmauer aus dem 14. Jh. erhalten. Sehenswert ist die Sankt-Bartholomaei-Kirche (Ursprung im 14. Jh.) mit ihrem hoch aufragenden Turm. Innen ist die Kirche neugotisch ausgestattet. Im 100 Jahre alten Wasserturm der Stadt ist heute eine Sternwarte mit Planetarium untergebracht.

Demmin ist 1992 dem Hansebund der Neuzeit beigetreten. Das Rathaus ist bereits wieder nach historischen Vorlagen aufgebaut worden.

35 km von Malchin

HOTELS/ANDERE UNTERKÜNFTE

Trebeltal
Neues Hotel in ruhiger Lage mit modern eingerichteten Zimmern.

Klänhammerweg 3;
Tel. 0 39 98/25 10, Fax 25 12 51;
www.hotel-trebeltal.m-vp.de; 30 Zimmer
●●● AmEx MASTER VISA 🐾

SERVICE

Auskunft
Stadtinformation
Am Bahnhof, 17109 Demmin;
Tel./Fax 0 39 98/22 50 77;
www.demmin.de

Reuterstadt Stavenhagen   ···⟫ S. 118, C 7

8000 Einwohner

Wohin man in Stavenhagen auch kommt, überall wird man an Fritz Reuter, den berühmtesten Dichter Mecklenburgs, erinnert. Am 7. November 1810 wurde er im Rathaus geboren, sein Vater war damals Bürgermeister der Stadt und wohnte in dem Amtsgebäude. Vor dem Museum wurde dem berühmtesten Sohn der Stadt, die sich seit 1949 »Reuterstadt Sta-

---

MERIAN-Tipp

⭐ **6 Bei den Ivenacker Eichen**

In unmittelbarer Nähe von Stavenhagen liegt das Dorf **Ivenack**. Im Tiergarten stehen **1000-jährige Eichen**. Der gewaltigste dieser Bäume hat einen Stammumfang von fast 11 m und am Fuß, wo die Wurzeln hervortreten, sogar von 16,5 m. Es soll sich um die ältesten Eichen in ganz Mitteleuropa handeln – Wissenschaftler schätzen, dass sie zwischen 800 und 1200 Jahre alt sind. Das Renaissanceschloss (Ende 16. Jh.), direkt am Ivenacker See, kann man nur von außen besichtigen. Der Schlosspark mit Lindenallee, Orangerie und Teehaus lädt zum Spaziergang ein.

19 km von Malchin entfernt.

···⟫ S. 118, C 7

8

MERIAN-Tipp

⭐ 7 Fritz-Reuter-Gedenkstätten

Fritz Reuter lebte von 1810 bis 1874, war ein glänzender Unterhalter, galt als großzügig, humorvoll und klug. Er war und ist bislang der populärste plattdeutsche Dichter Mecklenburgs und zählte zu den bedeutendsten Intellektuellen Norddeutschlands im 19. Jh. Dank des großen Erfolgs seiner Werke wurde sein Verleger Hinsorff in Rostock ein schwerreicher Mann. In Reuters Geburtshaus in Stavenhagen befindet sich das **Fritz-Reuter-Literaturmuseum**, das kurzweilige Führungen veranstaltet. In Neubrandenburg lebte Reuter von 1856 bis 1863, und dort schrieb er die meisten seiner Romane. Daran erinnert im **Regionalmuseum** das Fritz-Reuter-Zimmer.   ⟶ S. 118, C 7

venhagen« nennt, 1911 ein überlebensgroßes Bronzedenkmal errichtet. Am Ortsausgang an der B 104 Richtung Neubrandenburg steht die Reutereiche, die der Dichter zum Andenken an seine Eltern 1859 gepflanzt hat. Ihre Gräber findet man auf dem Stavenhagener Friedhof, während Fritz Reuter und seine Frau Luise in Eisenach beigesetzt sind.

In Stavenhagen führt eine wunderschöne Kastanienallee zum **Barockschloss** (um 1740), das auf den Grundmauern einer mittelalterlichen Burg errichtet wurde. Der Ort ist außerdem ein idealer Ausgangspunkt zur Erkundung der Umgebung.

12 km von Malchin

HOTELS/ANDERE UNTERKÜNFTE
Kutzbach
Älteres Hotel im Stadtzentrum mit gut ausgestatteten Zimmern.
Malchiner Str. 2; Tel. 03 99 54/2 10 96, Fax 3 08 38; 18 Zimmer ●●
AmEx MASTER VISA

Reutereiche
Großes, modernes Hotel mit komfortablen Zimmern.
Werdohler Str. 10; Tel. 03 99 54/3 40, Fax 3 41 13; www.reutereiche.de; 73 Zimmer ●● CREDIT ♿ 🐕

MUSEEN
Fritz-Reuter-Literaturmuseum
In 13 Ausstellungsräumen werden Leben und Werke Reuters dargestellt.
Markt 1; Mo–Fr 9–17, Do bis 20, Sa und So 10–17 Uhr; Eintritt Erw. 4 €, Kinder 1 €

SERVICE
Touristinformation
Schloss 1, 17153 Reuterstadt Stavenhagen; Tel. 03 99 54/2 83 50, Fax 2 83 51; www.stavenhagen.de

In diesem Zimmer wurde Fritz Reuter, der große Sohn Stavenhagens, geboren.

Neubrandenburg und Umgebung

Die »Stadt der vier Tore« offenbart ihren Reiz erst auf den zweiten Blick, aber dann verliebt man sich.

Die Wiekhäuser von Neubrandenburg sind in die Befestigungsanlagen integriert.

Neubrandenburg

70 000 Einwohner ⟶ S. 119, D 8
Stadtplan → S. 79

W er nach Neubrandenburg will, muss erst mal durch die Außenbezirke, um die Romantik der 750-jährigen Geschichte zu erleben. Die gesamte Innenstadt ist von einer fast vollständig erhaltenen mittelalterlichen **Befestigungsanlage** umgeben. In diesem Ring schlägt das Herz der Stadt.

Um 1300 wurde der Bau der 7,5 m hohen und mehr als 2 km langen Mauer mit vier Toranlagen, zwei Fangeltürmen und 56 Wiekhäusern, die der Verteidigung dienten, begonnen. Die Feldsteinmauer, alle vier Tore und ein Fangelturm blieben erhalten, 26 Wiekhäuser wurden seit den sechziger Jahren renoviert oder rekonstruiert. Heute ist die Anlage ein mittelalterliches Baudenkmal von europäischem Rang.

Nach langen Kämpfen gegen die in diesem Gebiet lebenden Slawen wurde die Stadt 1248 im Auftrag des Markgrafen Johann von Brandenburg als Vorposten in seinem nördlichen Machtbereich gegründet. Die Lage an der Mündung des Flusses Tollense in den Tollensesee war strategisch günstig. Neubrandenburg wurde zum Hauptmarktplatz im nördlichen Mecklenburg, außerdem zu einem Zentrum der Tuchweberei und Bierbrauerei. Im 14. und 15. Jh. erlebte die Stadt ihre wirtschaftliche Blütezeit. Doch 1631 wurde Neubrandenburg während des Dreißigjährigen Krieges von Truppen des Generals Tilly erobert und verwüstet und war danach für Jahrhunderte völlig bedeutungslos. Erst durch den Anschluss an die Eisenbahnstrecke Berlin–Stralsund (1863) kam es zum Aufschwung.

Während der letzten Tage des Zweiten Weltkriegs wurde das Zentrum Neubrandenburgs zu 80 Prozent zerstört. Mit Ausnahme der Stadtbefestigung blieb nur wenig historische Bausubstanz erhalten.

Neubrandenburg ist die drittgrößte Stadt Mecklenburgs. Entsprechend umfangreich ist das Angebot an Freizeitmöglichkeiten.

HOTELS/ANDERE UNTERKÜNFTE

Radisson SAS Hotel ⟶ S. 79, b 2
Komfortables Hotel direkt am Markt in der Altstadt, schöne Zimmer.
Treptower Str. 1; Tel. 03 95/5 58 60,
Fax 5 58 66 25; www.radissonsas.com;
190 Zimmer ●●● CREDIT ♿ 🐴

Badehaus ⟶ S. 79, südl. a 3
Hotel in idyllischer Parkanlage, direkt am Tollensesee.
Parkstr. 3;
Tel. 03 95/5 71 92 40, Fax 57 19 24 22;
www.badehaus-am-see.de; 15 Zimmer
●● bis ●●● MASTER VISA 🐴

Parkhotel ⟶ S. 79, südl. b 3
Haus in ruhiger Lage und trotzdem zentral mit komfortablen Zimmern.
Windbergsweg 4; Tel. 03 95/5 59 00,
Fax 5 59 02 00; www.parkhotel-nb.de;
40 Zimmer ●● bis ●●● CREDIT ♿ 🐴

St. Georg ⟶ S. 79, westl. a 2
Zentrale Lage zwischen Stadtzentrum und See.
St. Georg 6;
Tel. 03 95/5 44 37 88, Fax 56 06 70 50;
www.hotel-sankt-georg.de; 25 Zimmer
●● bis ●●● DINERS MASTER VISA 🐴

Haus des Sports ⟶ S. 79, südl. b 3
Im Kulturpark gelegen, nahe dem Tollensesee.
Schwedenstr. 25; Tel. 03 95/5 66 63 50,
Fax 5 66 63 54; www.hds-nb.de; 15 Zimmer ●● CREDIT 🐴

Jahnke ⟶ S. 79, westl. a 2
Modernes Hotel mit zweckmäßig eingerichteten Zimmern.
Rostocker Str. 12;
Tel. 03 95/58 17 00, Fax 5 81 70 10;
www.hotel-jahnke.m-vp.de; 20 Zimmer
●● CREDIT ♿ 🐴

Überlebensgroße Figuren aus Backstein dominieren das Neue Tor.

SPAZIERGANG
Der Weg führt 2,3 km an der **Stadt-mauer** entlang durch die enge Ring-straße, zu allen vier Stadttoren an den Wiekhäusern und dem Fangel-turm vorbei. Danach kann man durch die Turmstraße, eine Fußgängerzone mit vielen Geschäften, zum Markt-platz bummeln. Auch wer sich viel Zeit lässt, braucht nicht länger als ein-einhalb bis zwei Stunden.

Ein ganz anderes Gesicht zeigt Neubrandenburg im **Kulturpark**, einer Erholungslandschaft mit zahlreichen Freizeit- und Sportangeboten am Tol-lensesee. Dort gibt es Schiffsanleger, Freibäder, Boots- und Fahrradverleih.

SEHENSWERTES

Fritz-Reuter-Denkmal   ····⟩ S. 79, b 1
Fritz Reuter, der bekannteste meck-lenburgische Dichter, lebte von 1856 bis 1863 in Neubrandenburg. Wäh-rend dieser Zeit schrieb er seinen Ro-man »Dörchläuchting«, in dem er die Stadt »Nigenbramborg« ausführlich beschreibt.

Das Reuterdenkmal aus dem Jahr 1893 steht an der Stargarder Straße, gegenüber dem Bahnhof.

Johanniskirche   ····⟩ S. 79, b 1
Ursprünglich war sie die Kirche eines 1260 gegründeten Franziskanerklos-ters, im 14. Jh. wurde sie zu einer zweischiffigen Backsteinhallenkirche umgebaut. Ein erneuter Umbau er-folgte im späten 19. Jh. In der Kirche findet man eine schöne Kalkstein-kanzel (1588) mit Alabasterreliefs und einen prächtigen Altaraufsatz aus dem 18. Jh. Sehenswert sind auch der Kreuzgang und die drei Säle der ehe-maligen Klosteranlage. In ihr ist heu-te das Standesamt untergebracht.

Marienkirche   ····⟩ S. 79, b 3
Weithin sichtbar ist der markante Turm der gotischen Marienkirche (13. Jh.), die nach ihrem Wiederauf-bau zur Konzertkirche und Heimstatt der Neubrandenburger Philharmonie wurde. Der prächtige Ostgiebel erin-nert an die Westfassade des Straß-burger Münsters.

Spitalkapelle St. Georg
  ····⟩ S. 79, westl. a 2
Einschiffiger Backsteinbau aus dem 15. Jh. vor dem Treptower Tor. In der spätgotischen Kirche mit barockem

Holzturm steht ein interessanter Flügelaltar.

Stadtbefestigung

Der Mauerring um die Altstadt (14. Jh.) ist eine der mächtigsten mittelalterlichen Wehranlagen in Deutschland. Zu ihr gehörten einst 56 Wiekhäuser, das waren Kampfhäuser, die 30 bis 80 m voneinander entfernt angelegt wurden. Von ihnen sind 26 erhalten geblieben bzw. wurden wieder aufgebaut. Sie werden heute als Geschäfte, Restaurants und Vereinshäuser genutzt.

Die vier Tore der Stadtbefestigung sind Bauwerke von großer kunsthistorischer Bedeutung. Das **Friedländer Tor** (Anfang des 14. Jh.) im Norden ist ein Doppeltor. Außen- und Innentor sind durch einen Gang verbunden. In der Anlage ist heute eine Galerie untergebracht. Das **Neue Tor** aus der zweiten Hälfte des 15. Jh., die Stadtbegrenzung gen Osten, fällt durch acht überlebensgroße weibliche Terrakottafiguren an seiner Frontseite auf. Ähnliche Figuren findet man am **Stargarder Tor** (Mitte 15. Jh.) im Süden. Auch das Stargarder Tor ist ein Doppeltor. Zwischen den beiden Toren steht ein Fachwerkhaus, die **Lohmühle**, die heute ein Restaurant beherbergt.

Das **Treptower Tor** (Mitte 14. Jh.) im Westen ist für viele das schönste. Der spätgotische Backsteinbau ist ebenfalls ein Doppeltor, ein reich verziertes, breites Gebäude, das zur Stadtseite hin ein Turm mit vier Staffelgiebeln abschließt. Nördlich des Treptower Tors ist der **Fangelturm** (Wachturm) auf der zweiten Ringstraße ein Blickfang.

Turnvater-Jahn-Denkmal
---> S. 79, a 2
Von 1802 bis 1803 lebte Friedrich Ludwig Jahn, im Volksmund Turnvater Jahn genannt, in Neubrandenburg. Ihm zu Ehren wurde in der Jahnstraße, nahe dem Treptower Tor, ein Denkmal errichtet.

MUSEEN/AUSSTELLUNGEN
Modellpark Mecklenburgische Seenplatte
---> S. 79, südl. c 3
Architektonische Vielfalt en miniature.
Weidenweg 6; Mai–Sept. tgl. 9–19 Uhr; Okt., April tgl. 10–17 Uhr; Eintritt Erw. 4 €, Kinder 2 €

Neubrandenburg gedenkt des Schriftstellers Fritz Reuter mit einem gegenüber dem Bahnhof errichteten Denkmal.

Kunstsammlung Neubrandenburg
---> S. 79, c 1
Wechselnde Ausstellungen von Werken zeitgenössischer Künstler.
Große Wollenweberstr. 24; Di–So 10–17 Uhr; Eintritt Erw. 3 €, Kinder 1,50 €

Regionalmuseum
---> S. 79, a 2
Die Ausstellung zur Ur- und Frühgeschichte befindet sich im Treptower Tor. Aufmerksamkeit verdient die Abteilung, die sich mit Rethra befasst. Rethra war ein großes Heiligtum der Slawen. Aus alten Schriften war zwar seine Existenz bekannt, aber lange Zeit wusste niemand, wo es gelegen hatte. Heute ist erwiesen, dass Rethra am südlichen Ende und auf Inseln des Tollensesees und des anschließenden kleinen Sees Lieps lag. Eine Ausstellung zeigt Fundstücke und informiert über die neuesten wissenschaftlichen Erkenntnisse.
Im Treptower Tor; tgl. 10–17 Uhr; Eintritt Erw. 1,50 €, Kinder 0,75 €

ESSEN UND TRINKEN
Badehaus
---> S. 79, südl. a 3
Direkt am Ufer des Tollensesees. Fischgerichte und bodenständige Mecklenburger Küche.
Parkstr. 3+4; Tel. 03 95/5 71 92 40; tgl. ab 11 Uhr ●● VISA

Boulevard Café
---> S. 79, c 2
Kaffee, Kuchen und Eis, kleine Speisekarte, im Sommer große Terrasse.
Turmstr. 13; Tel. 03 95/5 82 35 90; tgl. 9–13 Uhr ● ▱

Fischerinsel
---> S. 79, nordöstl. c 1
Gaststätte mit großem Angebot einheimischer Fischspezialitäten.
Ihlenfelder Str. 61; Tel. 03 95/4 22 82 81; Di–So ab 11.30 Uhr ●● ▱

Fürstenkeller
---> S. 79, b 3
Speisegaststätte mit einheimischer Gerichten.
Stargarder Str. 37; Tel. 03 95/5 69 19 91; tgl. ab 12, So ab 14 Uhr geschlossen ●● MASTER VISA

Mudder-Schulten-Stuben

⋯⟶ S. 79, c 3

Traditionsrestaurant direkt an der Wallmauer mit gutbürgerlicher Küche.
4. Ringstr. 524; Tel. 03 95/5 82 37 66;
tgl. ab 11.30 Uhr ●● AmEx MASTER VISA

Schweinestall ⋯⟶ S. 79, c 1/2
Die »kulinarische Schweinerei«!
Fr.-Engels-Ring 55; Tel. 03 95/5 66 05 77;
tgl. ab 11.30 Uhr ●● ▭

Torcafé ⋯⟶ S. 79, c 1
Außer Kaffee, Kuchen und Eisspezialitäten gibt es auch Mecklenburger Gerichte, stilvolles Lokal im ehemaligen Zollhaus am Friedländer Tor.
Friedländer Straße; Tel. 03 95/5 84 11 32;
tgl. ab 11 Uhr ● ▭

Werderbruch ⋯⟶ S. 79, südl. a 3
Speisegaststätte im Kulturpark mit einheimischen Spezialitäten und großem Angebot an Fischgerichten.
Lessingstr. 14; Tel. 03 95/5 44 30 13;
tgl. ab 11 Uhr, So abend geschl.
●● bis ●●● AmEx MASTER VISA

Wiekhaus 45 ⋯⟶ S. 79, c 3
Kleine Traditionsgaststätte, direkt an der Stadtmauer, sehr gute Speisekarte mit Mecklenburger Gerichten.
4. Ringstr.45; Tel. 03 95/5 66 77 62;
tgl. ab 11 Uhr ●● bis ●●● ▭

Wiener Café ⋯⟶ S. 79, b 2
Café in der Altstadt mit Kuchen, Eisspezialitäten und kleinen Speisen.
Stargader Str. 11; Tel. 03 95/5 82 23 07;
Mo–Fr 8–18 Uhr ● bis ●● ▭

Zur Lohmühle ⋯⟶ S. 79, b 3
Stilvolle Gaststätte in alter Mühle mit sehr guten Wildspezialitäten und hervorragender Weinkarte.
Am Stargarder Tor; Tel. 03 95/5 44 28 43;
tgl. ab 11.30 Uhr ●● bis ●●●
AmEx MASTER VISA

EINKAUFEN

Flanieren, bummeln und in ruhiger Atmosphäre einkaufen: Die Innenstadt von Neubrandenburg bietet viele Möglichkeiten. In der weitgehend neu gestalteten City sind zum Beispiel die Passagen des Marktplatz-Centers mit über 70 Fachgeschäften zu entdecken. Kunstliebhaber sollten sich in der Galerie im Friedländer Tor umsehen. Dort kann man Bilder, Keramik, Skulpturen und vieles mehr kaufen. Sportfans werden vielleicht im Laden des früheren DDR-Idols Katrin Krabbe fündig (»Spydersport«, Behmenstr. 5–7). Auch die Stargarder Straße, die Wartlaustraße, Turmstraße, Treptower Straße und Neutorstraße laden zum Shopping ein. Und während des Bummels verlocken nette Cafés, Restaurants und urige Kneipen zum Verweilen. Autofahrer finden rund um die Geschäfte der Innenstadt ausreichend Parkmöglichkeiten.

AM ABEND
Schauspielhaus ⋯⟶S. 79, b 3
Der Herzog von Mecklenburg-Strelitz hatte das Theater 1775 gegründet, um sich in seiner Sommerresidenz Neubrandenburg nicht zu langweilen. Wie durch ein Wunder blieb das Gebäude im Zweiten Weltkrieg unzerstört. Doch erst im April 1994 – nach rund 100 Jahren Zweckentfremdung – gingen in dem ältesten Theatergebäude Mecklenburgs die Lichter wieder an.
Pfaffenstr. 22; Tel. 03 95/5 69 98 23,
Fax 5 82 63 50

Latücht ⋯⟶ S. 79, c 2
In der ehemaligen St. Joseph-Kirche betreibt der Kulturverein »Latücht« ein Kino und Kulturzentrum.
Große Krauthöferstr. 16;
Tel. 03 95/5 44 25 70

Niederdeutsche Bühne ⋯⟶ S. 79, b 2
Die älteste Amateurtheatergruppe der Seenplatte wurde 1934 gegründet und tritt mit Komödien und Märchen nicht nur in Neubrandenburg auf.
Am Marktplatz 1; Tel. 03 95/5 59 51 72

Philharmonie ⟶ S. 79, c 3

Das Orchester und die Kammermusikgruppen der Neubrandenburger Philharmonie sind über die Landesgrenzen hinaus bekannt und versprechen echten Kunstgenuss.
Besucherservice im Schauspielhaus:
Tel. 03 95/5 69 98 32

SERVICE
Auskunft ⟶ S. 79, b 2
Stadt-Info
Stargarder Str. 17,
17033 Neubrandenburg;
Tel. 03 95/1 94 33, Fax 5 66 76 61;
www.neubrandenburg.de

Fahrgastschifffahrt
⟶ S. 79, südl. b 3
Eckhard Lüdemann
Friedländer Str. 7; Tel. 03 95/5 84 12 18
Reizvoll sind Rundfahrten auf dem Tollensesee. Zum Naturabenteuer wird die Fahrt auf dem 800 m langen Kanal in die Lieps (wegen Naturschutz nur von Juli bis September möglich).

Rund- und Charterflüge
⟶ S. 79, nordöstl. c 1
Flughafen
Neubrandenburg-Trollenhagen
Flughafenstr. 10, 17039 Trollenhagen;
Tel. 01 80/3 21 15 11
Bei einem Rundflug kann man die Schönheiten der Seenplatte aus der Vogelperspektive kennen lernen – ein unvergessliches Erlebnis. Wer Lust, Zeit und Geld hat, kann in Trollenhagen sogar eine Pilotenausbildung absolvieren.

Ziele in der Umgebung

Altentreptow ⟶ S. 119, D 7

7000 Einwohner

Aus dem 13. Jh. stammt der kleine Ort im Tal der Tollense. Zwei alte Stadttore blieben erhalten, das **Demminer Tor**, im 19. Jh. restauriert und erweitert, und das monumentale **Neubrandenburger Tor** (um 1450). Im Torhaus ist das Kreisheimatmuseum eingerichtet, das über die Stadtgeschichte informiert. In der Pfarrkirche **St. Petri**, einem dreischiffigen Hallenbau aus dem 14. Jh., sind der spätgotische Flügelaltar, das gotische Chorgestühl und der spätromanische Taufstein sehenswert.

Eine beeindruckende Sehenswürdigkeit, die die Natur geschaffen hat, der Riesenfindling **Großer Stein am Klosterberg**, ragt nur zu einem Drittel aus der Erde. Er hat einen Umfang von 23 m und eine Masse von etwa 140 cbm.

17 km nördlich von Neubrandenburg, auf der B 96

In Burg Stargard fühlt man sich in frühere Jahrhunderte versetzt.

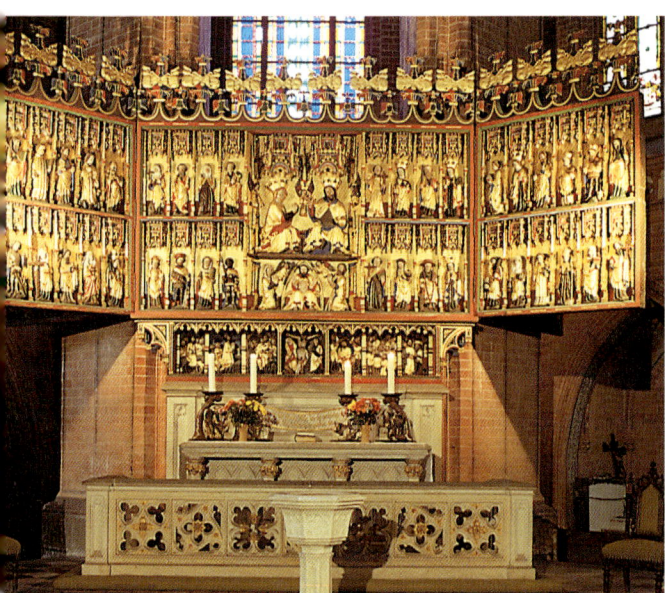

Ein unbekannter spätgotischer Schnitzkünstler hat den Altar der Sankt-Petri-Kirche in Altentreptow geschaffen.

SERVICE
Auskunft
Stadtverwaltung
Rathausstr. 1, 17087 Altentreptow;
Tel. 0 39 61/2 55 10, Fax 25 51 50;
www.altentreptow.de

Friedland   ···⟩ S. 119, E 7

8000 Einwohner

1244 als erste Stadt im Land Stargard gegründet. Sie sollte den Grenzübergang nach Pommern und die Handelswege in diesem Gebiet schützen. Von den mittelalterlichen Befestigungsanlagen sind heute noch Teile der **Stadtmauer**, der **Fangelturm** (Anfang 14. Jh.), das **Anklamer Tor** (frühes 14. Jh.), das **Neubrandenburger Tor** (2. Hälfte 15. Jh.) und ein Wiekhaus, die so genannte **Fischerburg**, erhalten. Das schöne Gebäude mit frühgotischer Fassade diente einst als Münzstätte. Die Pfarrkirche **St. Marien** ist eine dreischiffige Backsteinhallenkirche aus dem 14. und 15. Jh., ihre Innenausstattung stammt aus dem 18. Jh. In der Kirche findet man eine – 1991 generalüberholte – **Sauer-Orgel**. Der später weltberühmt gewordene Orgelbauer Wilhelm Sauer wurde 1831 in Friedland geboren. Einen Besuch lohnt auch das **Heimatmuseum** in der Karl-Liebknecht-Str. 1, in einem der ältesten Häuser der Stadt. Für Wanderer reizvoll ist das nahe gelegene Naturschutzgebiet **Brohmer Berge** und die **Friedländer Große Wiese**, das größte Niederungsmoor Europas. Adler, Fischotter und sogar die Sumpfschildkröte haben hier noch ihr Revier.

Wer in Friedland übernachten möchte, hat die Wahl zwischen einem Hotel, Pensionen und Privatzimmern. **Etwa 25 km nordöstlich von Neubrandenburg, auf der B 104 und B 197**

SERVICE
Auskunft
Informationszentrum »Vredeländer
Land«
Am Markt 1, 17098 Friedland;
Tel. 03 96 01/2 29 32, Fax 2 29 33;
www.vredelaender-land.de

SERVICE
Auskunft
Tourist-Info
Am Markt. 3, 17094 Burg Stargard;
Tel. und Fax 03 96 03/2 08 95;
www.stargarder-land.de

Burg Stargard   ⟶ S. 119, D 8

4400 Einwohner

In Burg Stargard scheint die Zeit stehen geblieben zu sein. Holprige Kopfsteinpflastergassen und romantische Fachwerkhäuser prägen das Bild des 1259 erstmals urkundlich erwähnten Städtchens. Von der einstigen Macht der Stadt zeugt die Burg mit ihrem 30 m hohen Bergfried. Die Anlage ist die einzige erhaltene Backstein- und Höhenburg des 13. Jh. in Norddeutschland und das älteste weltliche Bauwerk Mecklenburgs. Von 1352 bis 1471 war die Burg Residenz der Herzöge von Mecklenburg-Stargard, 1631, während des Dreißigjährigen Krieges, Hauptquartier General Tillys. Sehenswert im Ort ist die **Pfarrkirche** (13. Jh.), die nach einem Brand im Jahr 1758 im Barockstil neu aufgebaut wurde. Das **Heimatmuseum** liegt im Marstall der Burg.
In Burg Stargard gibt es 3 Hotels,
2 Pensionen und Privatzimmer.
10 km südlich von Neubrandenburg

Penzlin   ⟶ S. 120, C 8

2650 Einwohner

Die Burg 👪 aus dem 12. Jh. mit ihrem Hexenkeller (»Museum für Magie und Hexenverfolgung«) macht einen Ausflug nach Penzlin so interessant. Die Gewölbe mit ihren Folterinstrumenten und Kerkern aus der Zeit der Hexenverfolgung im 16. und 17. Jh. sind zu besichtigen. In Penzlin verlebte der Schriftsteller **Johann Heinrich Voß** seine Kindheit. Ihm haben wir die Geschichten-Sammlung »1001 Nacht« und die Übersetzungen von Homers »Ilias« und »Odyssee« ins Deutsche zu verdanken. Vor seinem Elternhaus in der Großen Seestraße steht ein Denkmal.
Etwa 15 km von Neubrandenburg,
auf der B 192

SERVICE
Auskunft
Tourist-Info
Große Straße 4, 17217 Penzlin;
Tel. 0 39 62/21 00 64, Fax 21 05 15;
www.penzlin.de

Diese herrliche Allee säumt eine Straße nahe der alten Grenzstadt Friedland.

BEFÖRDERN SIE IHR NAVIGATIONSSYSTEM ZUM REISEFÜHRER.

Neustrelitz und die kleinen Seen

Romantiker zieht es in die Umgebung der ehemaligen Residenzstadt Neustrelitz.

Nach historischem Vorbild wurde das Rathaus von Neustrelitz wieder aufgebaut.

Neustrelitz   ⸺⸻⸻⟶ S. 120, C 10
24 000 Einwohner
Stadtplan → S. 89

Neustrelitz ist eine junge Stadt, ihre Geschichte beginnt erst 1733. Da 1712 das Wasserschloss des Herzogs Adolf Friedrich III. in der alten Stadt Strelitz bis auf die Grundmauern niedergebrannt war, verlegte er seine Residenz in das kleine Jagdschloss **Glieneke** am Zierker See. Das konnte aber nicht so bleiben, denn immerhin musste er das Herzogtum Mecklenburg-Strelitz repräsentieren. Deshalb ließ er sein Jagdschloss zum Residenzschloss ausbauen (1726–1731). Die neue Stadt dazu entstand in den Jahren danach. Zentrum wurde der heutige Marktplatz, von dem aus acht Straßen sternförmig ausgehen.

Wer Bürger von Neustrelitz werden wollte, musste strenge Vorschriften beachten: Nur ein- und zweigeschossige Häuser durften gebaut werden – aus Brandschutzgründen musste Abstand gewahrt werden. Dafür erhielten die ersten Bürger der neuen Stadt aber auch zahlreiche Privilegien, wie kostenlosen Grund, zehnjährige Abgabenfreiheit, das Bauholz gab es umsonst, das Baumaterial preisgünstig, und zudem waren Zunft- und Religionsfreiheit garantiert.

Trotzdem entwickelte sich Neustrelitz nur langsam. Im Jahre 1745 gab es erst 168 Familien und insgesamt 1619 Einwohner. Die meisten Berufstätigen arbeiteten für den Hof. In den Regierungsperioden der Herzöge Adolf Friedrich IV. (1752 bis 1794), Carl Ludwig Friedrich (1794 bis 1816) und des Großherzogs Georg (1816–1860) wurde Neustrelitz dann zu einer richtigen Stadt. Die Einwohnerzahl stieg von 4315 im Jahr 1816 auf 12 000 um 1919 und sogar 23 000 vor Beginn des Zweiten Weltkriegs.

Die für damalige Begriffe moderne Stadt Neustrelitz, malerisch zwischen Wäldern am **Zierker See** gelegen, mit einem neuen Barockschloss und herrlichen Parkanlagen, wurde schnell zum Anziehungspunkt für Künstler, Wissenschaftler und Wohlhabende aus Berlin, die hier den Sommer verbrachten. Bis 1933 blieb die elegante Stadt die berühmte Metropole des Freistaates Mecklenburg-Strelitz.

Im Zweiten Weltkrieg wurde Neustrelitz zu 85 Prozent zerstört. Auch das neue Schloss und zahlreiche historische Gebäude fielen den Bränden zum Opfer. Das geschah zwar 1945 in den letzten Kriegstagen, war aber vermutlich Brandstiftung. Die Behörden ließen die Ruinen 1950 völlig abtragen. Nicht Künstler und Sommerfrischler hatte man von 1945 bis 1993 zu Gast, sondern rund 25 000 Soldaten der Roten Armee, fast ebenso viel Köpfe wie die Bevölkerung der Stadt. Inzwischen ist Neustrelitz wieder zu einem beliebten Ziel für Touristen geworden.

Hotels/andere Unterkünfte

Parkhotel Fasanerie
⸺⸻⟶ S. 89, östl. d 3
Neubau, idyllisch in einem Park am Rand der Stadt gelegen, mit komfortabel ausgestatteten Zimmern.
Karbe-Wagner-Str. 59;
Tel. 0 39 81/4 89 00, Fax 44 35 53;
www.parkhotel-neustrelitz.de;
67 Zimmer ●●● `CREDIT`

Haegert ⸺⸻⟶ S. 89, b 1
Zentral gelegenes Hotel mit langer Tradition, modernisierte und z. T. neu gebaute Zimmer für einfache und gehobene Ansprüche.
Zierker Str. 44; Tel. 0 39 81/20 03 05;
Fax 20 31 57; www.hotel-haegert.de;
24 Zimmer ●● `AmEx` `MASTER` `VISA` 🐕

Pinus ⸺⸻⟶ S. 89, östl. d 3
Hotel garni in ruhiger Lage mit angenehmer Atmosphäre.
Ernst-Moritz-Arndt-Str. 55;
Tel. 0 39 81/44 53 50, Fax 44 53 52;
www.hotel-pinus.de; 23 Zimmer ●●
`CREDIT` 🐕

Idyllisch: der herrliche Schlossgarten – hier mit Blick auf den Hebetempel.

Klaffke ⟶ S. 89, südöstl. d 3
Preiswerte Pension, alle Zimmer mit Dusche und WC.
Alte Mühlenstr. 14, Ortsteil Strelitz Alt; Tel. 0 39 81/4 59 30, Fax 45 93 28; www.pension-klaffke.de;
9 Zimmer ● bis ●● ▱ ☖

SPAZIERGANG

Wer seinen Bummel am Marktplatz beginnt, kann von der Turmplattform der **Stadtkirche** die ganze Stadt überblicken – allerdings sind es 174 Stufen dort hinauf. Neben der Kirche steht am Marktplatz auch das **Rathaus**, in dem die Touristeninformation untergebracht ist. Vom Marktplatz kommt man durch die Seestraße zum kleinen Hafen mit den alten Speicherhäusern.

Die Schlossstraße führt am **Stadtmuseum** und an historischen Häusern vorbei zum Schlossgarten. Dort sollte man durch die **Götterallee**, die ihren Namen wegen der Sandsteinfiguren antiker Gottheiten trägt, zur Orangerie schlendern und Abstecher zur **Schlosskirche**, zum **Palais**, zum **Marstall** und zum **Hebetempel** machen. Für diesen Spaziergang braucht man etwa zwei Stunden Zeit.

Wer ihn weiter ausdehnen möchte, kann gleich gegenüber vom Schlossgarten noch den Tiergarten besichtigen.

SEHENSWERTES

Marktplatz ⟶ S. 89, b/c 2
Auf einem Quadrat von 120 mal 120 m entstand der Marktplatz. Das **Rathaus**, 1841 erbaut, brannte zwar 1891 aus, wurde aber nach historischem Vorbild wieder aufgebaut. In der Mitte des Marktplatzes, auf dem Rondell, erinnerte bis 1946 ein Denkmal an Großherzog Georg von Mecklenburg-Strelitz. Die politisch Verantwortlichen dieser Zeit ließen es abreißen und an seiner Stelle 1949 ein sowjetisches Ehrenmal errichten. Im Mai 1995 wurde es wieder entfernt.

Schlossgarten ⟶ S. 89, a/b 2
Eine der schönsten Parkanlagen in Mecklenburg-Vorpommern. Der Garten zwischen dem ehemaligen Schloss und dem Zierker See wurde 1790 angelegt, danach aber oft umgestaltet. Besonderes Interesse verdienen die **Gedächtnishalle** für Königin Louise von Preußen, geborene Prinzessin von Mecklenburg-Strelitz, die **Götter-**

allee mit neun Sandsteinfiguren antiker Gottheiten, der **Hebetempel** und die **Orangerie**. Sie wurde 1755 als Winterquartier für mediterrane Pflanzen erbaut, 1842 jedoch von Friedrich Wilhelm Buttel zu einem klassizistischen Gartensalon umgestaltet. Die Innenräume sind im pompejanischen Stil ausgemalt und mit Kopien antiker

Statuen geschmückt. Seit 1920 wird die Orangerie als Ausstellungsraum und Konzertsaal genutzt.

Schlosskirche ⤑ S. 89, b2/b3
Unter Leitung von Friedrich Wilhelm Buttel wurde zwischen 1855 und 1859 die Schlosskirche errichtet. Sie ist eine kreuzförmige einschiffige Saal-

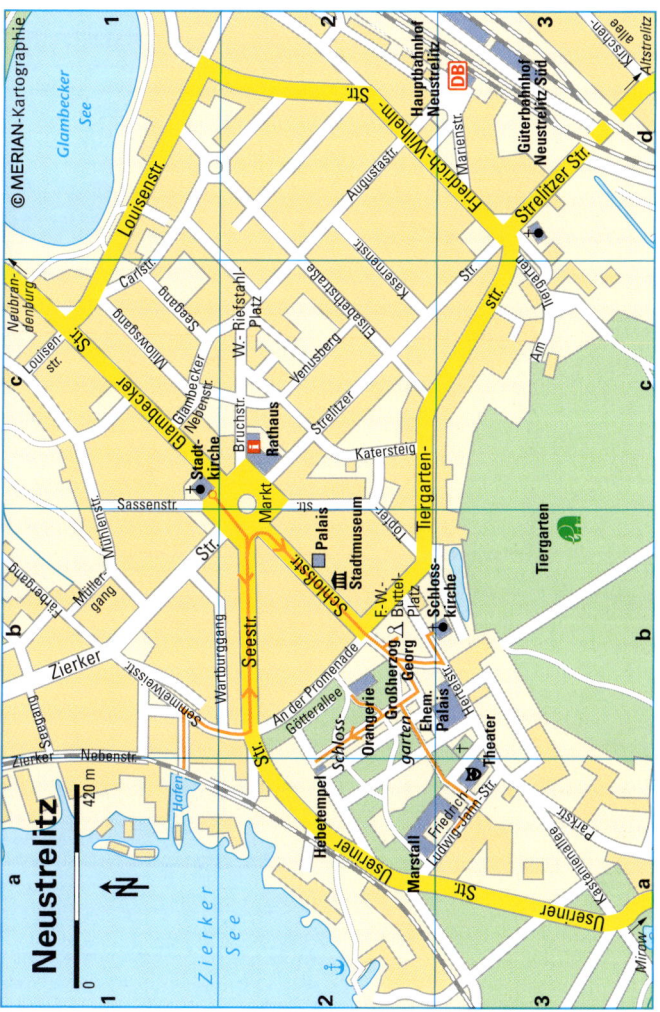

kirche mit freitragender Decke und seitlichen Emporen. Die Fassade des neugotischen Gebäudes ist reich verziert und wird von zwei schlanken Türmen gekrönt.

Am Tiergarten

Stadtkirche ⇢ S. 89, c 1

Die Stadtkirche am Marktplatz entstand von 1768 bis 1778 nach einem Entwurf des herzoglichen Leibarztes Dr. Verpoorten im spätbarocken Stil. Der 45 m hohe Turm kam erst 1831 hinzu.

Tiergarten ⇢ S. 89, b/c 3

Der heutige Tiergarten war einst das Jagdrevier der Herzöge. Jetzt darf man hier nur noch mit der Kamera »schießen«. In der parkähnlichen Anlage leben Tiere aus aller Welt. Auf den Pfeilern des ehemaligen Eingangsportals stehen zwei Hirsche aus Bronze, die der Bildhauer Christian Daniel Rauch geschaffen hat.

Am Tiergarten 14; Mai und Sept. tgl. 9–18 Uhr, Juni–Aug. tgl. 9–19 Uhr, Okt.–April tgl. 9–16 Uhr; Eintritt Erw. 3,50 €, Kinder 1,50 €

Zierker See ⇢ S. 89, a 1/2

Naturfreunde sollten einen längeren Spaziergang rund um den Zierker See machen. Man wandert in südlicher Richtung aus der Stadt immer am Ufer des Sees entlang nach Lindenberg, dann über den Forstbotanischen Lehrpfad zum Findlingsgarten am Buteberg. Das Café Prälank lädt zur gemütlichen Rast ein. Weiter geht's am Großen Prälank See (Badestrand) vorbei durch Niedermoorwiesen nach Neustrelitz. Für die etwa 9 km lange Strecke sollte man gut drei Stunden Zeit einplanen.

MUSEEN

Stadtmuseum ⇢ S. 89, b 2

Ausstellungsstücke und Dokumente zur Geschichte der Stadt und aus dem herzoglichen Besitz und dem bäuerlichen Umfeld der Region.

Schlossstr. 3; Mai–Sept. Di–So 10–17 Uhr, Okt.–April Di–Fr 10–16 Uhr, So 14–17 Uhr; Eintritt Erw. 2 €, Kinder 1 €

ESSEN UND TRINKEN

Blauer Kiesel ⇢ S. 89, nordöstl. d 1

Gutbürgerliches Restaurant mit Terrasse direkt am Glambecker See.

Adolf-Friedrich-Str. 11; Tel. 0 39 81/20 53 63; tgl. ab 11 Uhr ●●
MASTER VISA

Helgoland ⇢ S. 89, a 1

Sehr originelle Inselgaststätte, zeitweise Vorführungen von Laienschauspielern, traumhafter Blick von der Terrasse bei Sonnenuntergang, gutbürgerliche Küche und leckere Fischgerichte.

Am Hafen; Tel. 0 39 81/20 04 30; Do–Di ab 15 Uhr ●● ▭

Luisenstube ⇢ S. 89, b 2

Restaurant in historischem Haus mit gutbürgerlicher, landestypischer Küche, Fischspezialitäten und preisgünstiger Pension (6 Zimmer).

Seestr. 8; Tel. 0 39 81/20 73 90; Mo–Mi ab 17, Do–So ab 11 Uhr ●● ▭

Café Pogoda ⇢ S. 89, c 2

Einrichtung im Stil der Jahrhundertwende, selbst gebackener Kuchen, Eisspezialitäten, kleine Speisekarte.

Strelitzer Str. 16; Tel. 0 39 81/20 50 64; tgl. 10–18 Uhr ● ▭

Schlachteplatte ⇢ S. 89, b 2

Gaststätte mit deftigen Speisen. Spezialität des Hauses ist die üppige Schlachtplatte mit viel Fleisch, Wurst und Sauerkraut.

Markt 8; Tel. 0 39 81/20 59 75; Mo–Fr ab 9, Sa/So 10–15 Uhr ● ▭

Tiergartengaststätte 👫 ⇢ S. 89, c 3

Familienfreundliches und preisgünstiges Restaurant.

Am Tiergarten; Tel. 0 39 81/20 44 89; Mai–Sept. ab 11 Uhr, sonst nur abends ● ▭

⤑ S. 89, a 3

AM ABEND

Theater

Im Landestheater Neustrelitz finden fast täglich Aufführungen statt – vom Schauspiel über Musicals bis zu Konzerten. Das aktuelle Programm wird in der örtlichen Presse und der Stadtinformation bekannt gegeben.

Friedrich-Ludwig-Jahn-Str.14;
Tel. 0 39 81/27 70

SERVICE

Auskunft

Stadtinformation ⤑ S. 89, c 2

Markt 1, 17235 Neustrelitz;
Tel. 0 39 81/25 31 19, Fax 2 39 68 70;
www.neustrelitz.de

Fahrgastschifffahrt am Hafen und Bootsverleih ⤑ S. 89, a 2

Fahrgastschiffe laden während der Saison mehrfach täglich zu Ausflugsfahrten ein. Die Strelitzer Kleinseenplatte ist auch ein ideales Revier für Wasserwanderer. Im Müritz-Nationalpark sind die Wasserläufe und Seen für Motorboote gesperrt. Deshalb findet man hier Ruhe, Erholung und Natur pur.

An der Weißen Brücke;
Tel. 0 39 81/20 58 96

Nationalparkamt Müritz 👫

⤑ S. 89, b/c 3

Die zentrale Info-Ausstellung über den Nationalpark allgemein und über die einzelnen Schutzgebiete befindet sich neben dem Neustrelitzer Tiergarten. Hier ist der ideale Ausgangspunkt, um Ausflüge zu entscheiden bzw. zu planen.

Am Tiergarten, 17235 Neustrelitz;
Tel. 0 39 81/20 32 84

Ziele in der Umgebung

Feldberg ⤑ S. 121, E 10

2800 Einwohner

Die kleine Stadt Feldberg ist umgeben von den acht Gewässern der Feldberger Seenlandschaft, dem Breiten und Schmalen Luzin, dem Haussee, Lütten See, Carwitzer See, Zansen, Dreetz und Wootzen. Eingebettet zwischen sanften Hügeln, reichen die schmalen und sehr tiefen Seen bis in die Stadt.

Feldberg wurde 1256 erstmals urkundlich erwähnt. Sehenswert sind in der Stadt die Wallanlagen einer slawischen Höhenburg (7./8. Jh.) auf dem Schlossberg, die Reste eines Burgturms (1236) am Südufer der Halbinsel Amtswerder im Haussee, die Kirche (1873–1875) und die **Heimatstube** (Amtsplatz 13). Das Museum zeigt die Entstehung der durch die Eiszeit geprägten Landschaft.

Die Umgebung Feldbergs lädt zu Wanderungen ein. Gut ausgeschilderte Wege führen an den Seen entlang. Von den Höhen, wie dem **Hullerbusch**

Die sanften Hügel der Umgebung sind bei Radlern beliebt.

oder **Reiherberg**, blickt man weit ins Land. Im Naturschutzgebiet **Heilige Hallen** stehen die vermutlich ältesten Buchen Deutschlands (bis zu 350 Jahre alt). Kulturinteressierte werden aber auch den Ortsteil **Carwitz** besuchen. In dem ehemaligen Fischerdorf steht das Wohnhaus des Schriftstellers Hans Fallada, der hier von 1933 bis 1944 lebte. Es ist heute Gedenkstätte. Auf dem Dorffriedhof fand Fallada seine letzte Ruhestätte.

30 km von Neustrelitz entfernt

SERVICE
Auskunft
Tourist-Information
Penzlauer Str. 1, 17258 Feldberg;
Tel. 03 98 31/25 00

Fürstenberg ⤏ S. 121, D 11

5000 Einwohner

Obwohl in Brandenburg gelegen, gehört Fürstenberg geografisch zum Gebiet der Mecklenburgischen Seen. Die Stadt (urkundlich erstmals 1287 erwähnt) entstand auf drei Inseln zwischen dem Röblinsee, Baalensee und Schwedtsee. Aus dieser Zeit, als Fürstenberg noch ein Vorposten gegen die Slawen war, stammt das älteste Gebäude der Stadt, die **Wasserburg**. Zeugen der Vergangenheit sind auch das **Barockschloss** (1741–1752) und die im neubyzantinischen Stil ge-

baute **Stadtkirche** (1845–1848). Eine Gedenktafel in der Brandenburger Str. 46 erinnert an den Archäologen Heinrich Schliemann, der in Fürstenberg von 1836 bis 1841 Lehrling in einem Krämerladen war. An ein trauriges Kapitel der Geschichte erinnert die **Mahn- und Gedenkstätte Ravensbrück**, die auf dem Gelände des größten Frauenkonzentrationslagers der NS-Zeit eingerichtet wurde.

In der reizvollen Umgebung kann man sich auf den Spuren Theodor Fontanes bewegen, der dieses Gebiet in seinen »Wanderungen durch die Mark Brandenburg« und im Roman »Der Stechlin« beschrieb und unsterblich gemacht hat.

18 km von Neustrelitz

SERVICE
Auskunft
Tourismusverein Fürstenberger Seenland
Am Bahnhof, 16798 Fürstenberg;
Tel. 03 30 93/3 22 54, Fax 3 25 45;
www.fuerstenberger-seenland.de

Fahrgastschifffahrt
Fürstenberger Personenschifffahrt 👬
Auf der Havel – ab Mai;
Tel. 03 30 93/3 24 67

Barkassenfahrt 👬
»Haus an der Havel«;
Tel. 03 30 93/3 90 69

Abendstimmung im Fürstenberger Seenland.

Rheinsberg  ⤐ S. 120, C 12

Wie Fürstenberg gehört auch Rheinsberg zum Bundesland Brandenburg. Doch die vielen Gewässer um den Ort herum sind eindeutig die Geschwister der großen Mecklenburgischen Seenplatte. Kurt Tucholsky schilderte das romantische Städtchen 1912 in seiner humorvollen Geschichte »Rheinsberg – Ein Bilderbuch für Verliebte«. Die Stadt hat nichts von ihrem Reiz verloren, im Gegenteil! Seit der Wiedervereinigung ist sie wieder zu einem beliebten Ausflugs- und Urlauberziel geworden.

Das Schloss liegt wunderschön direkt am Ufer des **Grienericksees**. Es ist eines der bedeutendsten Rokoko-Bauwerke Norddeutschlands. Die bescheidene Wasserburg von 1335 wurde 1566 zum Schloss umgebaut und nach vielen weiteren Veränderungen 1734 zur Residenz des preußischen Kronprinzen Friedrich erhoben, der 1740 als König Friedrich II. den Thron bestieg.

Zur DDR-Zeit diente das Schloss als Diabetiker-Sanatorium. Heute ist es renoviert und kann besichtigt werden. Besonders eindrucksvoll sind Fest- und Spiegelsaal, Rittersaal, Bibliothek und die Tucholsky-Ausstellung in einem Seitenflügel. Über die Landesgrenzen hinaus bekannt sind die Konzerte im Schloss und im malerischen Park, das jährliche **Opernfestival** (Juli/August) und die Musiktage zu Pfingsten.

Beim Bummel durch Rheinsberg sollte man sich auch den Marktplatz und die Pfarrkirche **St. Laurentius** aus dem 13. Jh. ansehen. Außerdem lohnt sich der Besuch der zwei Rheinsberger **Manufakturen**, die seit 1762 kunstvolle Keramik herstellen, die man dort auch kaufen kann.

Wer außer Kultur auch Natur sucht, kann Ausflüge in die **Rheinsberger Seenkette** unternehmen.
38 km von Neustrelitz

HOTELS/ANDERE UNTERKÜNFTE

Schlosshotel Deutsches Haus
Hotel in einer modernisierten Stadt-Villa mit komfortablen Zimmern.
Seestr. 13;
Tel. 03 39 31/3 90 59, Fax 3 90 63;
www.schlosshotel-rheinsberg.de;
28 Zimmer ●●● CREDIT 🐕

Seehof
Das Hotel mit komfortablen Zimmern liegt ideal am Grienericksee und hat eine ausgezeichnete Küche.
Seestr. 18;
Tel. 03 39 31/40 30, Fax 4 03 99;
www.seehof-rheinsberg.com;
19 Zimmer ●● ▭ 🚿 🐕

Hofgarten
Kleine Pension, zweckmäßig und preisgünstig.
Menzer Str. 6; Tel. 03 39 31/27 53,
Fax 3 42 55; 5 Zimmer ● bis ●● ▭

ESSEN UND TRINKEN
Ratskeller
Renommiertes Haus mit Tradition seit 1744. Spezialitäten sind Fischgerichte und preußisch-brandenburgische Küche.
Markt 1; Tel. 03 39 31/22 64 ●●
AmEx MASTER VISA

Zum alten Brauhaus
Selbst gebrautes Bier ist die Spezialität, außerdem zuverlässige Adresse für jahreszeittypische Suppen, Fisch- und Fleischgerichte.
Rhinhöher Weg 1 ; Tel. 03 39 31/7 20 88,
●● ▭

SERVICE
Auskunft
Tourist-Information
Markt/Kavalierhaus, 16831 Rheinsberg;
Tel. 03 39 31/20 59, Fax 3 47 04;
www.rheinsberg.de

Hafenmeister und Fahrgastschifffahrt
Am Markt 11; 16831 Rheinsberg;
Tel. 03 39 31/3 86 19

Routen und Touren

Zauberlandschaft Feldberger Seen im Morgendunst: Wer Stille und Einsamkeit sucht, kann sie in dieser Region finden.

Von den Urlauberzentren zu stillen Plätzen im Nationalpark, auf Hans Falladas Spuren um die Feldberger Seen und mit dem Boot durchs Mecklenburger Wasserreich.

Rund um die Müritz – hübsche Orte und stille Landschaften

Charakteristik: Die abwechslungsreiche Autotour macht bekannt mit der Vielfalt des »Mecklenburgischen Meeres«; **Dauer:** Tagestour; **Einkehrmöglichkeit:** im Schloss Klink, Mirow; **Karte:** ⸺⸽ S. 120, B 9

Ausgangspunkt ist **Waren**, der größte Ort an der Müritz. Von der Steinmole, an der die weißen Ausflugsdampfer anlegen, fährt man durch die Strandstraße zum Alten Hafen mit den Speicherhäusern, um noch einen Blick auf die schöne Kulisse mit Yachten, Segelschiffen und Hausbooten zu werfen. Dann auf die Hinweisschilder nach Neustrelitz/Neubrandenburg achten. Auf der B 192

Schleusen ziehen viele Beobachter an.

führt die Strecke östlich bis **Penzlin** (28 km). Am Ortsrand biegt die B 193 südlich Richtung **Neustrelitz** ab. Nach etwa 17 Kilometern erreicht man Neustrelitz. In der Mitte der Stadt kommt man zum Marktplatz mit dem großen Rondell. Die Abfahrt zum **Zierker See** und Stadtpark nehmen.

Neustrelitz ⸺⸽ Klink

Von dort geht es weiter auf Nebenstrecken ins Gebiet des **Useriner-** und **Großen Labussees.** In den Orten Userin, Roggentin und Granzow scheint die Zeit noch stillzustehen. Auch die Landschaft am Rande des Müritz-Nationalparks ist wegen ihrer Stille und Einsamkeit besonders reizvoll. Kurz hinter Granzow erreicht man nach 25 km schon **Mirow** (→ S. 61) mit der sehenswerten Schlossinsel.

Die B 198 führt westlich bis zum Abzweig nach **Röbel.** Das Hafenstädtchen mit seinen beiden imposanten Kirchen und den romantischen Bootshäusern ist nach 23 km eine längere Pause wert. Auf der Strecke zurück nach Waren, ab Sietow wieder auf der B 192, kommt man noch durch den Ort **Klink** (14 km), wo ein Schloss (→ S. 60) im Stil der Neurenaissance steht. In diesem Schloss ist inzwischen ein komfortables Hotel entstanden. Gäste sind aber auch im sehr guten Restaurant, im Café oder – im Sommer – auf der herrlichen Terrasse mit Blick auf die Müritz herzlich willkommen.

Natur und Kultur in der Feldberger Seen- landschaft – auf den Spuren Hans Falladas

Charakteristik: Stille und Idylle findet man auf der Autotour durch den östlichen Teil des Feriengebietes; **Dauer:** 1 Tag; **Karte:** ⤳ S. 97

Diese Tour führt auf Hans Falladas Spuren in eine bezaubernde Sommer- frische ohne touristischen Schnick- schnack. Von **Neustrelitz** aus biegt man, nach etwa 20 Kilometern auf der B 198 in Richtung Woldegk, im Ort **Möllenbeck** rechts Richtung Feldberg ab. In Feldberg sollte man nach 31 km eine Pause einlegen, um das idylli- sche Städtchen zu besichtigen. Die Straße nach Fürstenwerder führt am **Haussee**, **Breiten Luzin** und dem **Gro- ßen See** entlang durch ein landschaft- lich ganz besonders reizvolles Gebiet.

Feldberg ⤳ **Carwitz**

In Wittenhagen kann man abbiegen, um auf Nebenstraßen, die zum Teil noch schlecht ausgebaut sind, den **Carwitzer See** zu umrunden und im Ort Carwitz (nach 18 km) dem **Falla- da-Haus** einen Besuch abzustatten. Das Arbeitszimmer des Schriftstellers ist in seinem ursprünglichen Zustand erhalten.

Von Carwitz führt eine kleine Straße über Neuhof zurück nach Feld- berg (8 km).

Auf dem Friedhof von Carwitz ist Hans Fallada begraben.

Über die Müritz zum Plauer See – eine abwechslungsreiche Bootstour

Charakteristik: Besonders stimmungsvoll ist die Entdeckung der Seenplatte mit dem Boot; **Dauer:** 2–3 Tage; **Einkehr:** Lenzer Krug; **Karte:** ⸺⧽ S. 99

Vom Boot aus lässt sich das Mecklenburger Wasserreich am besten genießen, und Sie sind vor den Wisenten sicher.

Ausgangspunkt der Tour ist der Hafen von **Waren**. Man nimmt direkten Kurs zum Westufer, hat deshalb nur einen kurzen Blick auf die gewaltigen Wassermassen der Müritz, denn die Einmündung in die Eldenburger Reeck liegt noch in der Binnenmüritz. Diese schmale, dicht mit Reet bewachsene und kurvenreiche Durchfahrt führt zum Kölpinsee. In dieses Gewässer ragt die Halbinsel **Damerower Werder**, die unter Naturschutz steht und als Freigehege für Wisente dient. Wer Glück hat, kann vom Boot aus die urigen Tiere beobachten. Aber Achtung: Vor der Halbinsel gibt es heimtückische Untiefen, und so mancher Hobbykapitän musste sich

dort schon freischleppen lassen, weil er mehr auf die Wisente als auf die Gewässerkarte geachtet hat.

Fleesensee ⸺⧽ Malchower See

Gleich hinter dem Damerower Werder kommt am Nordufer die Verbindung zum **Jabelschen See**, die jedoch nur von Booten mit sehr geringem Tiefgang befahren werden kann. Unsere Tour geht weiter zum Westufer des **Kölpinsees** und durch eine schmale Durchfahrt zum **Fleesensee**. Dort, wo der Fleesensee im Westen immer enger wird, bekommt man einen ersten Blick auf die malerische Stadt **Malchow**. Hier ändert das Gewässer dann auch seinen Namen und heißt **Malchower See**. Da man vor der Drehbrücke in der Stadt ohnehin meist warten muss, bis sie geöffnet wird, lohnt es sich anzulegen, um durch die Gässchen oder zum Kloster zu bum-

Wisente sind die Attraktion der Halbinsel Damerower Werder.

meln. Gleich hinter der Drehbrücke
hat man vom Wasser aus einen wunderschönen Blick auf die Klosterkirche.

Petersdorfer See ···> Plauer See

Dann mündet der Malchower See in
den ganz langen, aber sehr schmalen
Petersdorfer See. Nur die Autobahn
Berlin–Rostock, die auf einer hohen
Brücke über ihn hinwegführt, stört
die Idylle vor den verträumten Bootshäusern und an den schilfbewachsenen Ufern. Eine der schönsten Stellen
auf dieser Strecke ist die Einmündung
bei Lenz in den **Plauer See**. Hier steht
ein besonders malerisches reetgedecktes Gasthaus, der »Lenzer Krug«,
der zu einer Rast – bei gutem Wetter
auf der großen Terrasse – einlädt. Die
enge Durchfahrt ist unter Wassersportlern aber auch gefürchtet. Denn
Strömungen und Wind – ab Stärke 6
wird es kritisch – haben hier schon so
manchen Freizeit-Skipper in Angst
und Schrecken versetzt.

   Der Plauer See ist eines der
schönsten und bei Wassersportlern
beliebtesten Gewässer in dieser Region. Im Norden ragt ein großer Werder in den See, die Ufer sind flach und
zum Teil dicht mit Schilf bewachsen.
Das südliche Ende des Sees verläuft
trichterförmig bis nach **Bad Stuer**.
Hier sind die Ufer hügelig und bewaldet. In der Stadt Plau findet man

Idyllischer Kanal mit Schleuse bei Plau.

schöne Liegeplätze. Von hier aus
führt die Wasserstraße durch den
Elde-Kanal bis nach Lübz und zur
Elbe.

   Hier ist endgültig Schluss für die
Hobbykapitäne. Skippern mit eigenem Boot (und Bootsführerschein)
dagegen sind keine Grenzen gesetzt.

Von Waren über die Seenkette nach Rheinsberg – unterwegs nach Brandenburg

Charakteristik: Die Bootstour durch die »Kleinen Seen« verbindet wunderhübsche Städte und führt ins Nachbarland Brandenburg; **Dauer:** 4–5 Tage; **Einkehr:** Marina Wolfsbruch; **Karte:** ⸺⫶⸽ S. 101

Ausgangspunkt für diesen Törn ist wieder der Hafen von Waren, in dem man unterschiedliche Boote ausleihen kann. Die gemächliche Fahrt führt zunächst über die Müritz Richtung Süden. Wer Lust hat, kann unterwegs einen Abstecher in den Fachwerkort **Röbel** einlegen. Die romantischen Bootshäuser in der Hafenbucht sind vom Wasser aus ein schöner Anblick. Es lohnt aber auch ein Stadtbummel zu den beiden mächtigen gotischen Gotteshäusern, der **Nikolaikirche** und der **Marienkirche**.

Röbel ⸺⫶⸽ Mirow

Durch die Kleine Müritz und den Sumpfsee gelangt man zum Mirower Kanal und nach **Mirow**. Die Mirower Schleuse ist das Tor zwischen Müritz und Mecklenburgischer Kleinseenplatte. In Mirow selbst zieht vor allem das **Barockschloss**, auf einer Insel im Mirower See gelegen, Besucher an und lädt zum Anlegen ein.

Mirow ⸺⫶⸽ Marina Wolfsbruch

Bei Mirow biegt die Wasserstraße nach Rheinsberg zum Zotzensee, Mossensee und Vilzsee ab. Dann führt der Törn durch den Großen Peetschsee, Labus-, Canower- und Pälitzsee in den Hüttenkanal. Auf dieser Strecke passiert man die neu erbaute Anlage **Marina Wolfsbruch** bei Kleinzerlang. Die wunderschöne Freizeitanlage, die zur Steigenberger-Hotelkette gehört, verlockt mit einem großen Hafen, großzügiger Hotelanlage, bunten Ferienhäusern im skandinavischen Stil

Kleine Ferienhütten bei Mirow.

sowie leckerer Küche zum Anlegen und zu einer ausgedehnten Pause.

Marina Wolfsbruch ⇢ Rheinsberg
Über den Tietzowsee geht es weiter in den Jagowkanal und schließlich durch den Schlabornsee und den Rheinsberger See in den Grienericksee. Der Übergang zwischen Mecklenburgischer Seenplatte und der Brandenburgischen Kleinen Seenplatte ist fließend. Der Abstecher ins benachbarte Bundesland Brandenburg lohnt jedoch allemal.

Rheinsberg heißt das überaus reizvolle Ziel der Reise. In dem verträumten Städtchen kann man auf den Spuren Kurt Tucholskys wandeln, der die Idylle schon 1912 in seinem Werk »Rheinsberg – Ein Bilderbuch für Verliebte« beschrieb. Das berühmte Schloss, eines der wichtigsten Rokoko-Bauwerke Norddeutschlands, liegt direkt am Ufer des Grienericksees. Hier kann man den Nachmittag ausklingen lassen, bevor sich die Freizeitkapitäne auf die Heimfahrt begeben.

Rund um den Malchiner See – im Land der Schlosshotels

Charakteristik: mit dem Fahrrad durch Felder, Wälder und Wiesen zu romantischen Schlössern und vertrauten Dörfern; **Dauer:** jeweils 1 Tag; **Einkehr:** Schlosshotel Schorssow, Schloss Basedow, Burg Schlitz; **Karte:** ····⟩ S. 118, A 7

Die schönsten Schlosshotels Mecklenburgs liegen in der Region Malchiner See, und überall dort gibt es auch idyllische Parkanlagen, prächtige Alleen und traumhafte Ausblicke.

Am Südzipfel des Malchiner Sees verlässt man das Dorf **Dahmen** in westlicher Richtung zur B 108. Auf dieser Hauptverkehrsstraße muss man das kurze Stück bis nach **Ziddorf** radeln, biegt dann aber rechts auf eine ruhige, kleine Straße nach **Schorssow** (nach 6 km) ab. Am Ortseingang locken ein imposantes Schlosshotel und ein reetgedecktes Fischerhaus aus dem 17. Jahrhundert, im Dorf ist die Ruine der Kirche aus dem 13. Jahrhundert sehenswert.

Schorssow ····⟩ Basedow

Weiter geht es entlang des Malchiner Sees nach Bülow und Bistrow. Über einen Feldweg kommt man nach 6 km nach **Wendischhagen**, wo das Hallenhaus des Bildhauers Günther Kaden steht. Etwa 1500 Meter hinter dem Dorf biegt man nach rechts ab, fährt auf einer Brücke über den Dahmer Kanal, die Verbindung zwischen Malchiner- und Kummerower See, und kommt nach 7 km nach **Basedow** mit dem schönen Schloss, mit herrlich angelegtem Park und hübscher Dorfkirche. Auch in diesem Schloss gibt es inzwischen ein Hotel und Restaurant.

Eine Landstraße führt über **Seedorf** zurück nach Dahmen (9 km). Auf der gesamten Strecke haben Radler immer wieder traumhafte Ausblicke auf den See und die malerische Landschaft an seinen Ufern.

Wer die Tour etwas verlängern will, fährt gleich kurz nach dem Start von Ziddorf drei Kilometer weiter auf der B 108 bis zur **Burg Schlitz**, einem klassizistischen Herrensitz (Anfang 19. Jahrhundert) mit wunderschönem Park. In dem ehrwürdigen Gemäuer ist eines der Top-Hotels dieser Region entstanden.

Der Herrensitz Burg Schlitz ist heute ein Nobelhotel.

Wandern im Müritz-Nationalpark – einer der schönsten Naturparks Deutschlands

Charakteristik: zu Fuß durch eines der schönsten Naturschutzgebiete Deutschlands; **Dauer:** Je nach Route einige Stunden oder mehrere Tage; **Karte:** ⸱⸱⸱⟶ S. 121, B/C 9–10

Im Müritz-Nationalpark findet man nur wenige Raststätten – Wanderer haben eine Brotzeit im Gepäck.

Vom östlichen Ufer der Müritz bis vor die Tore von Neustrelitz und Wesenberg erstreckt sich das Gebiet des 318 Quadratkilometer großen **Müritz-Nationalparks**. Diese Naturlandschaft mit über 100 Seen und Tümpeln, mit verschiedenartigen Mooren und Wäldern, die zum Teil seit 40 Jahren nicht mehr bewirtschaftet wurden, ist ein Paradies für Wanderer. Fischadler, Seeadler und Kornweihen haben hier ihre Reviere. Im Nationalpark wohnen nur sehr wenig Menschen. Auch von den Gästen, die diese Gegend entdecken wollen, wird äußerste Rücksicht auf die Natur verlangt.

Im Müritz-Nationalpark gibt es ein weit verzweigtes Wander- und Radwandernetz. Naturkundliche Führungen, organisierte Wanderungen und Kutschfahrten beginnen in den Orten am Eingang des Parks: Ankershagen, Boek, Carpin, Kargow, Kratzeburg, Schillersdorf, Userin, Waren und Wokahl.

Zum Nationalpark gehört auch das östliche Ufer der Müritz, das für Urlauberboote gesperrt ist. Hier ist die Natur noch abseits von touristischen Pfaden sich selbst überlassen.

Auf den Spuren der Slawen – ein ganz besonderes Museum lädt zur Erkundung ein

Charakteristik: Per pedes und mit dem »Stahlross« erkundet man ein Freilichtmuseum und radelt durch stille Landschaften; **Dauer:** 1 Tag; **Karte:** ⸺> S. 117, D 2

Beliebtes Ziel für Familienausflüge: das Archäologische Freilichtmuseum.

Hölzerne Tempel, Palisadenzäune und Häuser mit geflochtenen Wänden – einzigartige Zeugnisse in der slawischen Siedlung auf der Museumsinsel bei Groß Raden.

Sternberg ⸺> Groß Raden
Vom Marktplatz in **Sternberg** führt die Strecke in Richtung Norden über eine Landstraße nach **Groß Raden**. Bei Sternberg Burg lohnt sich ein Abstecher ins drei Kilometer entfernt liegende Warnow-Durchbruchtal, eine Naturlandschaft von ganz besonderem Reiz. In Groß Raden gleich an der ersten Kreuzung rechts von der Hauptstraße abbiegen und der Ausschilderung zum **Archäologischen Freilichtmuseum** folgen (rund 6 km von Sternberg entfernt).

Groß Raden ⸺> Zülow
Vom Museum fährt man etwa drei Kilometer durch Wald und Felder nach **Witzin**. In diesem Dorf dann rechts an der Kirche vorbei zur B104 fahren, die man aber nur überquert, um weiter in Richtung Zülow zu radeln.

Zülow ⸺> Sternberg
Wieder führt die Strecke durch eine stille Wald- und Felderlandschaft. Am Ortsausgang von Zülow gehts rechts über eine Brücke des Mildenitzkanals weiter in Richtung **Gägelow**. Kurz vor dem Ort dann rechts nach Pastin abbiegen. Wer hier nach links fährt, kann noch der Dabeler Mühle einen Besuch abstatten. Sie besitzt ihre Originalausstattung von 1892. Von Pastin führt die Route nach **Neu Pastin** und dann auf die B192, auf der man nach etwa zwei Kilometern wieder Sternberg erreicht.

MERIAN-Tipp

⭐8 Ausflug in die Geschichte

Im Archäologischen Freilichtmuseum wandelt man auf den Spuren der Slawen, die die Region vor rund 1000 Jahren besiedelten. Besonderer Beliebtheit erfreuen sich die Aktionstage bei Groß und Klein: Vorträge, aber vor allem Koch- und Bastelaktionen lassen die Vergangenheit lebendig werden.

Infos: Tel. 0 38 47/22 52;
www.gross-raden.de

Durch das Nebel-Durchbruchtal – eine Landschaft verzaubert den Besucher

Charakteristik: eine stimmungsvolle Wanderung auf den Spuren seltener Vögel, Insekten und Pflanzen; **Dauer:** 3–5 Stunden; **Karte:** ⸱⸱⸱➢ S. 117, F 2

Eine für Mecklenburg völlig ungewöhnliche Landschaft ist das Nebel-Durchbruchtal zwischen Serrahn und Kuchelmiß bei Krakow am See. Der sonst so sanfte Fluss Nebel verlässt hier den Krakower See und durchbricht die Endmoräne in nördlicher Richtung.

Krakow am See ⸱⸱⸱➢ Kuchelmiß

In der Enge zwischen den Felsen wird er zu einem rauschenden Wildbach. Im urwüchsigen Nebeltal mit seinen bizarren, umgestürzten Bäumen hat sich nicht nur eine Vielzahl seltener Pflanzen, sondern auch eine sehr artenreiche Vogelwelt und eine Fülle von Schmetterlingen, Libellen, Insekten und Lurchen erhalten. In diesem saubersten Fließgewässer von Mecklenburg sind selbst Fischotter noch heimisch. Allerdings kann man die sehr scheuen Tiere nur selten beobachten. In der Nebel wurden 21 verschiedene Fischarten gezählt. Angeln ist aber nur in bestimmten, ausgewiesenen Abschnitten erlaubt. Ein Naturlehrpfad führt zu den schönsten Stellen in diesem Gebiet.

Sehenswert ist auch die Wassermühle von Kuchelmiß aus dem Jahre 1791, heute ein technisches Denkmal. Außerdem sollte man den ehemaligen Schlosspark von Serrahn mit seinen eindrucksvollen Eichen besichtigen.

Auskünfte (auch Kremserfahrten sind möglich) erhält man bei der Krakow-Information (→ S. 50). Dort können auch organisierte Wanderungen gebucht werden.

Schreiadler gehören zu den seltenen Bewohnern der Region.

Wissenswertes über Mecklenburg

Die Natur bestimmt die Ästhetik: Reetdach eines Dorfhauses.

Die Seenplatte von A(nreise) bis Z(eitungen).
Mit Entfernungstabelle, Geschichte auf einen
Blick, interessanten Buchtipps und vielen ande-
ren nützlichen Infos.

Jahreszahlen und Fakten im Überblick

375–600
Die Germanen verlassen das Gebiet der Mecklenburgischen Seen während der Völkerwanderung. Die Gegend ist fast menschenleer. Slawische Stämme dringen in den Raum ein und beginnen zu siedeln.

995
Erste Erwähnung der »Michelenburg«, Hauptburg der Obotriten, durch Otto III. Aus diesem Begriff entstand der Name Mecklenburg. Reste der Anlage sind heute noch beim Dorf Mecklenburg (zwischen Schwerin und Wismar) zu sehen.

ab 1147
Heinrich der Löwe führt im Auftrag Kaiser Barbarossas Feldzüge gegen die heidnischen Stämme der Slawen.

1160
Der Slawenfürst Niklot fällt im Kampf gegen Heinrich den Löwen. Aus der slawischen Stammburg »Zuarin« wird Schwerin, die erste deutsche Stadt im Feindesgebiet nordöstlich der Elbe.

1167
Niklots Sohn Pribislaw lässt sich taufen, wird nach der Versöhnung mit Heinrich dem Löwen der neue Herrscher des Gebiets und zum Stammvater des mecklenburgischen Fürstenhauses, das bis 1918 regiert.

1229
Die Fürstentümer Mecklenburg, Parchim, Güstrow und Rostock entstehen.

1549
Der Landtag in Sternberg beschließt für ganz Mecklenburg die Reformation.

1621
Die Herzogtümer Mecklenburg-Schwerin und Mecklenburg-Güstrow werden gegründet.

1628
Feldherr Wallenstein besetzt mit kaiserlichen Truppen im Dreißigjährigen Krieg fast ganz Mecklenburg.

1629
Wallenstein residiert als Herzog von Mecklenburg in Güstrow.

1631
Gustav II. Adolf von Schweden tritt in den Dreißigjährigen Krieg ein. Dadurch verliert Wallenstein seine Macht. Die vertriebenen Herzöge erhalten ihre Ländereien zurück.

1618–1648
Der Dreißigjährige Krieg hinterlässt grauenvolle Spuren im gesamten Gebiet. Viele Städte und Dörfer sind völlig zerstört, die Hälfte der Bevölkerung ist ums Leben gekommen.

1648
Nach dem Ende der Kriegswirren werden Mecklenburg beim »Westfälischen Frieden« die Bistümer Schwerin und Ratzeburg zugesprochen. Wismar und die vorgelagerte Insel Poel gehen an die Schweden verloren.

1651
Die Leibeigenschaft und Erbuntertänigkeit der Bauern wird zur Rechtsgrundlage.

1701
Das Land Mecklenburg teilt sich in Mecklenburg-Schwerin und Mecklenburg-Strelitz auf.

1803
Die Schweden verpfänden Wismar und Poel für 1 250 000 Taler auf 100 Jahre an den Herzog von Mecklenburg-Schwerin.

1806–1807
Franzosen besetzen Mecklenburg.

1820
Die Leibeigenschaft wird aufgehoben. Über die Hälfte der Bauern war durch sie zu besitzlosen Arbeitern geworden. Viele von ihnen blieben trotz der Reform in totaler Abhängigkeit von den Gutsherren, denen über 50 Prozent des Landes gehörte. Bittere Not führte zu einer großen Auswanderungswelle.

1849/1850
Die liberale Verfassung und der Übergang zur konstitutionellen Monarchie scheitern.

1918
Die adeligen Machthaber danken ab. Mecklenburg-Schwerin und Mecklenburg-Strelitz bekommen demokratische Parlamente.

1934
Durch die nationalsozialistische Neuordnung wird aus den beiden Ländern Mecklenburg-Schwerin und Mecklenburg-Strelitz wieder ein Land.

1945
Am Ende des Zweiten Weltkriegs besetzen sowjetische Truppen Mecklenburg. Viele der Städte sind fast völlig zerstört. Ein Teil der Bevölkerung flüchtet aus Angst vor politischen Veränderungen in den Westen.

1947
In der sowjetischen Besatzungszone tritt eine neue Verfassung in Kraft.

1949
Mecklenburg wird ein Land der Deutschen Demokratischen Republik.

1952
Das Land verliert seine Eigenständigkeit und wird wie alle anderen Länder der DDR in Bezirke aufgeteilt. Ein Volkskammerbeschluss schafft Landesregierung und Landtag ab.

ab 1953
Die sozialistische Land- und Bodenreform der DDR nimmt selbst Kleinbauern ihren Besitz. Auch Hoteliers, Pensionswirte und Gastronomen werden enteignet.

9. November 1989
Die Mauer in Berlin wird geöffnet.

3. Oktober 1990
Deutschland ist wieder vereinigt, Mecklenburg-Vorpommern eines der neuen Bundesländer.

Juni 1994
Mecklenburg-Vorpommern gibt sich eine neue demokratische Verfassung.

1995
Das Land feiert sein 1000-jähriges Bestehen und zeigt im Güstrower Schloss die erste Landesausstellung der neuen Bundesländer.

1998
SPD und PDS bilden die erste Koalition auf Länderebene.

2002
Die Koalition wird bei der Landtagswahl bestätigt.

2003
Internationale Gartenbauausstellung in Rostock.

Nützliche Adressen und Reiseservice

ANREISE

Mit dem Auto

Das Gebiet der Mecklenburgischen Seen ist von Berlin und Hamburg aus schnell zu erreichen. Die Autobahn A 24 zwischen den beiden Großstädten verläuft etwas südlich des Seengebiets. Nach Schwerin gibt es eine direkte Verbindung auf der A 241, auf der Bundesstraße B 106 nach Ludwigslust. Zwischen Schwerin und Wittstock führen alle Ausfahrten der A 24 in Richtung Norden zu den Mecklenburgischen Seen. Ab Autobahndreieck Wittstock verläuft die A 19 durch die Seenlandschaft nach Rostock. Wer aus Richtung Berlin kommt, erreicht Rheinsberg und Fürstenberg am besten über die Abfahrt Neuruppin auf der A 24. Die Ostseeautobahn A 20 wächst kontinuierlich. Dank der ersten fertigen Abschnitte verkürzt sich die Anreise für Gäste aus dem Lübecker Raum erheblich. Vom Kreuz Wismar führt in südliche Richtung die B 192 über Sternberg und Goldberg ins Seengebiet. Wer von Nordosten anreist, kann die A 19 ab Rostock benutzen oder fährt ab Greifswald über die B 96 nach Neubrandenburg und weiter nach Neustrelitz.

Alle großen Straßen im Gebiet der Mecklenburgischen Seen sind inzwischen gut ausgebaut. Nur auf Nebenstrecken in abgelegene, oft besonders idyllische Gebiete passiert es noch ab und zu, dass die Asphaltpiste in holpriges Kopfsteinpflaster übergeht. Mitunter zwingen auch unebene Ortsdurchfahrten zum Schneckentempo, ansonsten kennt man in dieser Region den Stau nur von der Autobahn.

Mit der Bahn

Wer mit der Bahn ins Gebiet der Mecklenburgischen Seen reist, hat auf den Hauptstrecken gute Verbindungen (vorausgesetzt, dass die Bahn ihre Fahrpläne nicht ändert). **DB-Direktverbindungen** gibt es von Hamburg, Lübeck, Leipzig und Bremen nach Schwerin. Ab Berlin nach Ludwigslust, Neubrandenburg und Schwerin.

DB-Nachtzüge fahren die Strecken Köln – Dortmund – Waren – Rostock – Binz und München – Würzburg – Waren – Rostock – Binz.

Nur im Sommer verkehren **DB-Autozüge** ab Dortmund, Stuttgart und Frankfurt/Main nach Rostock. Von dort fährt man etwa eine Stunde bis ins Gebiet der Mecklenburgischen Seenplatte. Die Deutsche Bahn erteilt bundesweit unter der Service-Nummer 1 18 61 gebührenpflichtig Reiseauskünfte oder unter der Nummer 08 00/1 50 70 90 kostenlose Fahrplan-Informationen.

Für Anfragen zum Nahverkehr erreicht man den Kundendialog der Bahn unter 0 18 05/19 41 95.

Mit dem Bus

Zahlreiche Busunternehmen bieten Ausflugsfahrten zu den Mecklenburgischen Seen an. Innerhalb des Gebiets sind die Linienbus-Verbindungen zwischen den größeren Städten recht gut. Kleine Dörfer abseits der Hauptstrecken werden meist nur zwei- bis dreimal täglich angefahren. Bustouren mit dem öffentlichen Nahverkehr, bei denen man umsteigen muss, sollten sorgfältig geplant werden.

Mit dem Flugzeug

Die großen Verkehrsflughäfen in der Nähe des Seengebiets sind Berlin und Hamburg. Fluglinien gibt es auch von München nach Neubrandenburg und Rostock. Kleine Flugplätze, die man mit Privatmaschinen anfliegen kann, gibt es in **Parchim** und **Neustadt-Glewe**, **Lärz** (Müritzflugplatz bei Rechlin), **Laage** (zwischen Güstrow und Rostock), **Neubrandenburg-Trollenhagen**.

Auskunft

Tourismusverband Mecklenburg-Vorpommern
Platz der Freundschaft 1, 18059 Rostock;
Tel. 0381/4 03 05 00, Fax 4 03 05 55;
www.auf-nach-mv.de

Tourismusverband Mecklenburgische Seenplatte ⤑ S. 120, A 10
Turnplatz 2, 17207 Röbel/Müritz;
Tel. 03 99 31/53 80, Fax 5 38 29;
www.mecklenburische-seenplatte.de

Tourismusverband Mecklenburgische Schweiz ⤑ S. 118, B 7
Am Bahnhof 4, 17131 Malchin;
Tel. 0 39 94/29 97 80, Fax 29 97 88;
www.mecklenburische-schweiz.de

Tourismusverband Schweriner Land/Westmecklenburg ⤑ S. 116, B 4
Alexandrinenplatz 7, 19288 Ludwigslust;
Tel. 0 38 74/66 69 22, Fax 66 69 20;
www.mecklenburg-schwerin.de

Bevölkerung

Das am dünnsten besiedelte Gebiet Deutschlands ist der Landkreis Müritz. Auf 1714 qkm leben hier 70 877 Menschen. Im Schnitt also 41 Bewohner pro qkm.

Buchtipps

Fritz Reuter – Leben, Werk und Wirkung, Hinstorff Verlag 2001. Eine Würdigung des großen niederdeutschen Autors mit zahlreichen historischen Illustrationen.

Die Geschichte Mecklenburgs, Hinstorff Verlag 2004. Fundiert und gleichermaßen unterhaltsam wird die Geschichte des Landes vorgestellt.

Auf Dichters Spuren, Hinstorff Verlag 2003. Ein literarischer Wegweiser mit 23 Autorenporträts und Routenvorschlägen zum Nachlesen.

Wege in die Natur, Ziethen-Panorama Verlag 2003. Ein Wanderführer durch den Müritz-Nationalpark mit schönen Fotos zum Einstimmen auf das Naturerlebnis.

Törnplaner Mecklenburgische und Märkische Gewässer, Quick Maritim Medien 2003. Mit allen Infos, die der Hobby- und Profiskipper braucht. Der Törnplaner für Mecklenburgische und Märkische Gewässer gibt Auskunft u. a. über Anlegestellen, Bootstankstellen, aber auch über Restaurants und Kinderspielplätze.

Jake Kavanagh: Schleusenwärters Berg- und Talfahrten, Quick Maritim Medien 2003. Wer auf Bootstour gehen will, kann sich mit diesem

MERIAN-Tipp

⭐ Mecklenburgische Anekdoten

Wer sich für Anekdoten aus der Geschichte des Landes interessiert, kann sich mit einem humorvollen Werk auf seine Reise nach Mecklenburg vorbereiten. Jürgen Borchert, einer der bekanntesten Schriftsteller dieser Region, hat die lustigen, tiefsinnigen und teils urkomischen »Histörchen« im Band **Mecklenburg, ein Anekdotenbuch** liebevoll aufgeschrieben. Viel erfährt man darin über die Bevölkerung, ihre Mentalität und das Leben in diesem Land. Das Büchlein ist im Hinstorff Verlag, Rostock, erschienen und im Buchhandel erhältlich.

amüsanten Büchlein auf das »Abenteuer« vorbereiten. Die über 100 witzigen Cartoons lassen beim Lesen kein Auge trocken.

FKK

Es gibt einige speziell ausgewiesene FKK-Bereiche an den Seen und auch FKK-Campingplätze. Außerdem stört sich niemand daran, wenn man an einsamen Stränden oder in versteckten Badebuchten hüllenlos in der Sonne liegt und badet.

GOTTESDIENSTE

Die Bevölkerung Mecklenburgs ist überwiegend evangelisch. In allen Kirchen finden an Sonn- und Feiertagen Gottesdienste statt, bei denen auch Urlaubsgäste gern gesehen werden. Die Zeiten findet man auf Tafeln vor der Kirche, manchmal auch auf den Internet-Seiten der Gemeinden.

KFZ-REPARATUR

Das Servicenetz für alle gängigen in- und ausländischen Fabrikate ist lückenlos. Alle Ersatzteile sind vorrätig oder können schnell beschafft werden.

PLATTDEUTSCH

Gästen aus Süddeutschland und dem Ausland erscheint Plattdeutsch oft wie eine Fremdsprache. Wenn die Einheimischen miteinander plattdeutsch reden, ist es sehr schwer, diese Sprache zu verstehen. Wer sich mit dieser Sprache intensiv beschäftigen will, sollte eines der Werke von Fritz Reuter lesen, die auf Plattdeutsch verfasst sind.

REISEWETTER

Mecklenburg hat das typisch norddeutsche Wetter: unbeständig mit viel Wind und häufig auch Regen. Trotzdem können die Sommer sehr sonnig und heiß sein. Juli und August, oft auch noch die erste Septemberhälfte, sind die besten Reisezeiten für alle, die es im Urlaub möglichst warm und trocken haben wollen. Reizvoll sind auch das späte Frühjahr, wenn die Rapsfelder strahlend gelb zwischen den blauen Seen leuchten, und der Herbst, der die Wälder in bunte Traumlandschaften verwandelt. Dann, und auch im Herbst und Winter, werden hauptsächlich die Urlauber hierher reisen, die absolute Ruhe suchen.

REITEN

Mecklenburg ist ein Land für Pferdeliebhaber und Reitsportler. Hier sind »die großen Freunde des Menschen« in der Landwirtschaft auf kleinen Höfen noch Partner und Helfer des Bauern, auf den Gestüten das Kapital der Züchter. Auch im Tourismus spielen Pferde inzwischen eine große Rolle. Reiterhöfe werden in der naturbelassenen Landschaft immer beliebter. Auskünfte bei den örtlichen Tourist-Informationen.

TANKEN

Alle großen Mineralölgesellschaften haben moderne Tankstellen in Mecklenburg gebaut. Die Versorgung mit allen Arten von Treibstoff ist lückenlos. Die meisten Tankstellen haben auch Shops für den späten Einkauf.

Tiere

Einige Hotels, die meisten Gasthöfe, Pensionen und Privatvermieter haben nichts dagegen, wenn man seinen Vierbeiner mitbringt. Um ganz sicherzugehen, sollte man das aber schon bei der Buchung angeben bzw. sich vorher über die Touristenbüros informieren, wo Hund und Katze gerne gesehen sind.

Umweltschutz

In einem Gebiet, das so von der Natur geprägt ist, legt man natürlich allergrößten Wert auf Umweltschutz! Strenge Vorschriften gelten an den Seen und in den Nationalparks. Es sollte für jeden Gast selbstverständlich sein, dass er nirgendwo Abfall, leere Flaschen oder Dosen, nicht einmal Zigarettenkippen, liegen lässt. Kleine Beiträge zum Umweltschutz sind auch, vom Auto auf das Fahrrad umzusteigen, in längeren Staus den Motor abzuschalten, nur Mehrwegverpackungen zu verwenden und im Hotel oder der Pension nur die Handtücher in die Wäsche zu geben, die wirklich verschmutzt sind. Denn die weitgehend erhaltene Naturlandschaft der Mecklenburgischen Seen

Mecklenburg ist ein Reiterparadies.

kann den Ansturm der Touristen nur dann unbeschadet überstehen, wenn alle Rücksicht nehmen!

Verkehrsverbindungen

Auto und Leihwagen

Das praktischste und schnellste Verkehrsmittel im Gebiet der Mecklenburgischen Seen ist das Auto. Die Straßen sind bestens ausgebaut, und es macht großen Spaß, durch das beschauliche Land zu rollen. Nur einige holprige Ortsdurchfahrten erinnern

Entfernungen (in km) zwischen wichtigen Orten im Gebiet der Seenplatte

	Güstrow	Malchin	Malchow	Neubrandenburg	Neustrelitz	Plau	Schwerin	Sternberg	Waren	Wismar
Güstrow	–	46	45	87	110	46	62	26	65	64
Malchin	46	–	53	41	68	72	108	88	29	126
Malchow	45	53	–	64	69	19	86	54	24	92
Neubrandenburg	87	41	64	–	27	83	149	123	45	161
Neustrelitz	110	68	69	27	–	80	167	126	45	164
Plau	46	72	19	83	80	–	88	49	110	87
Schwerin	62	108	86	149	167	88	–	27	110	31
Sternberg	26	88	54	123	126	49	27	–	78	38
Waren	65	29	24	45	45	43	110	78	–	116
Wismar	64	126	92	161	164	87	31	38	116	–

noch daran, wie mühsam man früher in Mecklenburg vorankam.

Wer nicht mit dem eigenen Auto ins Seengebiet kommt, kann sich in allen größeren Orten einen Leihwagen mieten. Auskünfte erhält man bei den örtlichen Fremdenverkehrsbüros (Adressen→ bei den jeweiligen Ortskapiteln).

Bus und Bahn

Nur die Bus- und Bahnverbindungen zwischen den Städten sind gut. In abseits gelegene Gebiete fahren Busse nur zwei- bis dreimal am Tag. Bahn, Bus und Schiff lassen sich in der Region ideal mit dem Müritz-Nationalpark-Ticket nutzen. Das Fahrrad wird selbstverständlich mitgenommen. Zum Beispiel fahren von Mai bis Mitte Oktober von Waren aus Busse mit Fahrradanhänger in den Müritz-Nationalpark. Der Fahrplan liegt in allen Tourist-Infostellen der Müritz-Region sowie der Neustrelitzer und Feldberger Region aus.

Fahrrad

Wer Zeit genug hat und sich gerne sportlich betätigt, sollte für seine Entdeckungstouren aufs Fahrrad umsteigen. Die Landschaft ist dafür ideal, denn es gibt – außer in der Mecklenburgischen Schweiz – keine extremen Steigungen. Ausgeschilderte Fahrradwege führen zum Teil auf eigens präparierten Pisten sowie auf ruhigen Nebenstrecken zu den Sehenswürdigkeiten und zu stimmungsvollen Plätzen. Bei dieser gemächlichen und umweltfreundlichen Fortbewegungsart sieht man viel mehr, kann die Landschaft und die Seen riechen, den Wind rauschen und die Vögel zwitschern hören. Niemand braucht seinen Drahtesel mitzubringen. In den größeren Orten, in Hotels und Pensionen oder auf den Campingplätzen kann man Fahrräder ausleihen. Außerdem bieten im Sommer viele Bahnhöfe Leihräder an (Auskünfte erteilt die Bahn, Adressen und Telefon → S. 111).

Zu Fuß und mit dem Schiff

Ein Großteil der Mecklenburger Seen ist durch Flüsse und Kanäle miteinander verbunden. Im Gebiet der großen Seen, wie Müritz, Kölpin- und Plauer See, kann man mit Linienschiffen und Ausflugsdampfern von Ort zu Ort kommen. Mit etwas Organisationstalent und gutem Kartenmaterial können sich Wanderer wunderschöne Routen zusammenstellen, indem sie die Strecken zu Fuß mit Schiffstouren kombinieren. Bei der Planung sollte man bedenken, dass die Schiffe nur während der Hauptsaison regelmäßig fahren. Auskünfte in den Fremdenverkehrsbüros.

WASSERQUALITÄT

Alle Seen haben gute bis sehr gute Wasserqualität. Während der Badesaison wird wöchentlich eine Wasserprobe entnommen.

ZEITUNGEN

Die wichtigsten lokalen und regionalen Zeitungen sind der *Nordkurier* für den östlichen und die *Schweriner Volkszeitung* für den westlichen Teil der Mecklenburger Seen.

MERIAN-Tipp

10 Mobil im Nationalpark

Das **Müritz-Nationalpark-Ticket** ist ein in Deutschland einzigartiger Verkehrsverbund von Bus, Bahn, Ausflugsschiffen und Kanu. Der umweltfreundliche Verbund wurde zunächst für den Müritz-Nationalpark geschaffen. Inzwischen sind die angrenzenden Naturparks Nossentiner/ Schwinzer Heide und Feldberger Seenlandschaft einbezogen. Basis-Verkehrsmittel ist der Bus, jeder hat einen Fahrradanhänger. Es bestehen drei Linien, die schwerpunktmäßig jene Naturbeobachtungsplätze anfahren, deren Zufahrten für PKW gesperrt sind.

Kartenatlas

Orientierung leicht gemacht: mit Planquadraten und allen Orten und Sehenswürdigkeiten.

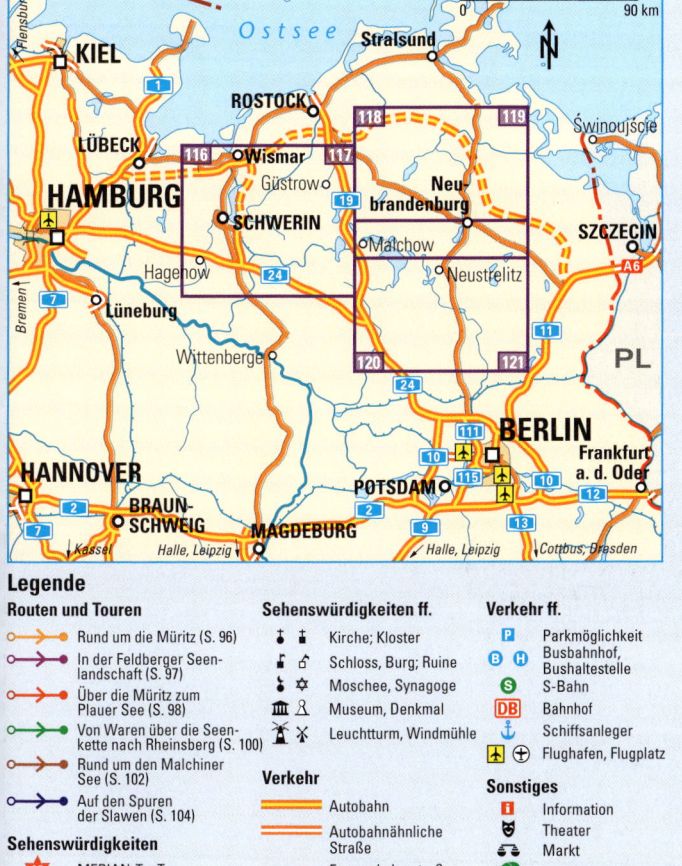

Legende

Routen und Touren

- ● Rund um die Müritz (S. 96)
- ● In der Feldberger Seenlandschaft (S. 97)
- ● Über die Müritz zum Plauer See (S. 98)
- ● Von Waren über die Seenkette nach Rheinsberg (S. 100)
- ● Rund um den Malchiner See (S. 102)
- ● Auf den Spuren der Slawen (S. 104)

Sehenswürdigkeiten

- **10** MERIAN-TopTen
- **10** MERIAN-Tipp
- Sehenswürdigkeit, öffentl. Gebäude
- ✳ Sehenswürdigkeit Kultur
- ✳ Sehenswürdigkeit Natur

Sehenswürdigkeiten ff.

- ♟ ♟ Kirche; Kloster
- ♟ ⌂ Schloss, Burg; Ruine
- ♟ ✡ Moschee, Synagoge
- 🏛 ⚑ Museum, Denkmal
- ☒ ✗ Leuchtturm, Windmühle

Verkehr

- ━━ Autobahn
- ━━ Autobahnähnliche Straße
- ━━ Fernverkehrsstraße
- ━━ Hauptstraße
- ━━ Nebenstraße
- ━━ Unbefestigte Straße, Weg
- ━━ Fußgängerzone

Verkehr ff.

- 🅿 Parkmöglichkeit
- 🅑 🅗 Busbahnhof, Bushaltestelle
- 🆂 S-Bahn
- DB Bahnhof
- ⚓ Schiffsanleger
- ✈ ✈ Flughafen, Flugplatz

Sonstiges

- ℹ Information
- 🎭 Theater
- ♟ Markt
- 🐾 Zoo
- ☐ Botschaft, Konsulat
- ☀ Aussichtspunkt
- † † † Friedhof
- ▭ National-, Naturpark

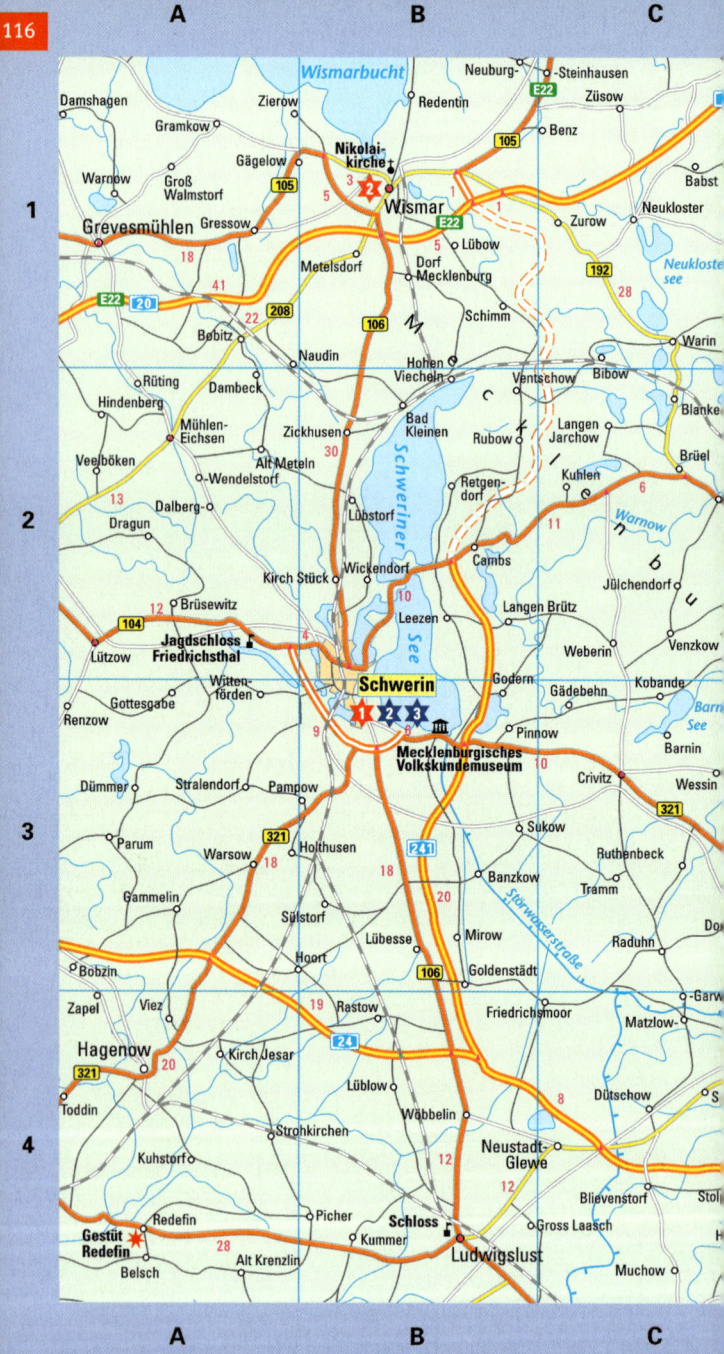

A B C

Recknitz
Böhlendorf
20
Zarnewanz
Grammow
Breesen
Fäsekow
Bretwisch
Rakow
Thelkow
Behren-Lübchin
Grammendorf
Glewitz
Düvier
Tessin
Viecheln
Nehringen
Langen-
felde
Drosedow
5
Basse
Trebel
Woltow
Gnoien
Bobbin
Nossendorf
11
Ru
Groß Nieköhr
194
Walkendorf
Finkenthal
Stubbendorf
Beestland
Wotenick
Boddin
13
110
Demmin
Wardow
Dalwitz
Glasow
St. Bartholomäi-
Kirche
Prebberede
Remlin
Altkalen
Dargun
Zarnekow
13
Groß Wüstenfelde
Kämmerich
Peene
Camilla-Be
40
Neu
Heinde
17
Jördens-
torf
Verchen
Schönfeld
Matgendorf
Lelkendorf
Warsow
Beggerow
6
Thürkow
Neukalen
Meesiger
Borrentin
Dalkendorf
108
Karnitz
Kummerower
See
24
Linden-
berg
7
Alt Sührkow
Sommers-
dorf
Teterower
See
Kummerow
Grammentin
Alt Kentzlin
tmanns-
Teterow
Remplin
Malchin
Kriesow
117
11
104
Basepohl
Groß
Wokern
Pfarrk. St. Maria u.
Johannes
11
Ivenack
Zw
Klaber
12
Hohen
Demzin
Bristow
Scharpzow
Stavenhagen
Wolde
Burg Schlitz
Schloss
Gielow
8
6
7
Schorssow
Basedow
Demzin
Ritzerow
7
Ziddorf
Jürgenstorf
Krumsee
28
Rothenmoor
Rosenow
Moltzow
Schwinken-
dorf
Faulenrost
20
Briggow
Vollrathsruhe
Ulrichshusen
Kittendorf
Hohen
Wangelin
Marxhagen
19
194
M
Alt
Schönau
Varchentin
Lehsten
Groß Flotow
Baumgarten
Groß
Gievitz
Schloss
Torgelower
See
ter
Grabowhöfe
108
Klein Plasten
17
Marihn
sentiner
Hütte
Waren
(Müritz)
192
11
Möllen-
hagen
ar
Jabel
Kargow
4
Wiesent-
Schaugehege
Ankershagen
Groß
Vielen
8
Fleesen-
see
Kölpinsee
Reisneck-
see
Müritz-
Malchower
See
Ferienland
Fleesensee
Göhren-
Lebbin
Klink
Specker
See
5
Ichow
12
Roez
Sietow
Nationalpark
Kratzeburg
19
Grüssow
E55
Müritz
120
Granzin
Kabelicksee
Walow
A
B
C
ogel
Minzow
Boek
Zotzen
Kramsee

D   E   F

Hanshagen
Jägerhof
109
Hohendorf
Dersekow
Alt Pansow
Groß Kiesow
Krebsow
Lühmanns-dorf
Wehrland
Dargelin
Behrenhoff
Zemitz
Görmin
Dargezin
Dambeck
Züssow
Karlsburg
5
Trantow
Neu-Jargenow
111
Rubkow
96
Gützkow
Ranzin
Klein Bünzow
Murchin
Jarmen
5
Lüssow
17
Ziethen
20
Peene
Quilow
Wasserschloss
Tutow
E251
Groß Polzin
23
Anklam
ünzow
Kartlow
Liepen
Stolpe
110
Gnevezin
Neetzow
25
Görke
109
Alt-Tellin
17
Gramzow
Postlow
13
Hohenmocker
Bartow
Medow
Blesewitz
Pelsin
Neu Kosenow
Tollense
Krien
Neuenkirchen
25
Golchen
199
25
Ehemalige Festung
Sarnow
Ducherow
Burow
Breest
Spantekow
Gültz
14
Weltzin
Wodarg
Japenzin
Borntin
Boldekow
Löwitz
Loickenzin
Grapzow
Werder
Schwanbeck
197
Putzarer See
ltentreptow
Dahlen
Bresewitz
Sandhagen
Schwichten-berg
Ganzkow
Brunn
Salow
Friedland
Fleethof
Groß Teetzleben
Neddemin
Roggenhagen
17
Galenbecker See
Wittenborn
Kalübbe
Staven
Genzkow
Brohmer Berge 132
Woggersin
E251
Neverin
Datze
Sadelkow
Heinrichswalde
Chemnitz
Ihlenfeld
Eichhorst
Schönbeck
Schloss
Weitin
3
Neu-brandenburg
20
Groß Miltzow
Schönhsn.
Klosterkirche
9
Pragsdorf
104
Cölpin
Neetzka
Strasburg (Uckermark)
Wulkenzin
17
Alt Käbelich
104
Tollense-see
Bargens-dorf
Leppin
Mildenitz
11
Fahrenholz
Alt Rehse
Ehemalige Burg
Burg Stargard
4
Woldegk
Wolfshagen
25
Groß Nemerow
Ballin
96
Cammin
Quaden-schönfeld
198
Göhren
Schlepkow
198
ieritz
Neuhof
Teschendf.
19
Bredenfelde
Dammsee
Keulenberg 137
Blankensee
Stolpe
121
Lichtenberg
Großer See
0   9 km
© MERIAN-Kartographie
Rödliner See
ollenbeck
15
Schlicht
Gr. Parmensee
Schapow

Zeichenerklärung
○ Orte
~ Gewässer, Strand
★ Sehenswürdigkeit
☆ Nationalpark

Hier finden Sie alphabetisch aufgeführt alle in diesem Band beschriebenen Orte und Ziele, Routen und Touren. Bei einzelnen Sehenswürdigkeiten steht jeweils der dazugehörige Ort in Klammern, bei Hotels steht zusätzlich die Abkürzung H für Hotel. Außerdem enthält das Register wichtige Stichworte sowie alle MERIAN-TopTen und MERIAN-Tipps dieses Reiseführers. Wird ein Begriff mehrfach aufgeführt, verweist die **fett gedruckte** Zahl auf die Hauptnennung im Band.